Heinzpeter Hempelmann

Die Kirche ist tot

es lebe die Kirche!

Denkanstöße, wie die Kirche neue Zukunft gewinnen kann

Die verschiedenen Kapitel beruhen auf Aufsätzen, die bereits veröffentlicht wurden und hier überarbeitet vorliegen:

Kapitel 1: Warum die Kirche keine Zukunft hat. 11 Provokationen, in: thbeitr 51. Jg. (2020), 440-456.
Kapitel 2: Schwache Kirche unter den Verheißungen eines starken Gottes. Wie die Kirche Zukunft gewinnen kann, in: thbeitr 52. Jg. (2021), 78-97.
Kapitel 3: „Jede(r) hörte sie in seiner Sprache reden" (Apg 2,6b). Verheißungen für eine milieusensible, lebensweltorientierte Kirche, in: Thomas Schlegel/Martin Reppenhagen (Hrsg.): Kirche in der Diaspora. Bilder für die Zukunft der Kirche. Festschrift zu Ehren von Michael Herbst, Leipzig, Evangelische Verlagsanstalt 2021, 145-168. Abdruck mit freundlicher Genehmigung.
Kapitel 4: Welche Kirche hat Zukunft?, in: thbeitr 46. Jg. (2015) H.2/3, 84-95.

Die Überlegungen in diesen Aufsätzen sind noch einmal zusammengefasst, verdichtet und weitergeführt in einem Vortrag, gehalten am 7. Juni 2022 in Nöbdenitz auf der Zukunftswerkstatt „Vo(r)m Untergang der Titanic. Werkstatt für Visionär*innen": Sieben Gründe, warum diese Kirche keine Zukunft hat. Acht Perspektiven, wie diese Kirche Zukunft gewinnen kann. In: Emilia Handke/Kristin Jahn (Hrsg.): Risse und Glanz. Röntgenbilder einer Kirche, Altenburg 2022, 9-28.

Lektorat: Uwe Bertelmann
Umschlagillustrationen: Adobe Stock
Umschlaggestaltung: Jonathan Maul, Brunnen Verlag
Satz: Brunnen Verlag
Druck: CPI Books GmbH, Leck
Gedruckt in Deutschland
ISBN Buch 978-3-7655-2139-3
ISBN E-Book 978-3-7655-7677-5
www.brunnen-verlag.de

Stimmen zum Buch

Es mag wehtun, die harten Analysen Heinzpeter Hempelmanns zur Zukunft der Kirche zu lesen. Es kann sein, dass vieles an der Institution Kirche zerbricht, aber Gott bricht zu uns auf und das ist alles, was zählt. Daran zu erinnern, ist das Verdienst dieses anstößigen Buches. Unter dem Titel „Vo(r)m Untergang der Titanic. Werkstatt für Visionär*innen" haben wir Hempelmanns Thesen im Sommer 2022 im Kirchenkreis Altenburger Land, in Nöbdenitz, diskutiert. Hempelmanns Thesen sind eingeflossen in den Tagungsband „Risse und Glanz. Röntgenbilder einer Kirche, hg. v. Emilia Handke und Kristin Jahn. Ein Buch, das von einer Region erzählt, wo vieles von dem, was Hempelmann hier beschreibt, längst eingetreten ist und Gottes Gegenwart neu aufscheint – abseits der alten Strukturen.

Kristin Jahn, Generalsekretärin des Deutschen Evangelischen Kirchentags

Kein düsteres Untergangsszenario, sondern eine schonungslos nüchterne Analyse von Kirche in unserer Zeit zeichnet Heinzpeter Hempelmann in diesem Buch. Dies tut er nicht lieblos, sondern mit einer tiefen Leidenschaft für die Kirche, Jesus Christus und ihren Auftrag in dieser unserer Welt. Aber ein „Weiter-so" sucht man vergebens. Im Gegenteil, vermeintliche Sicherheiten, auf die wir unser kirchliches Handeln lange Zeit bauten, werden als brüchig, ja trügerisch entlarvt. Nicht resignativ lamentierend, sondern provokativ in seiner radikalen Ausrichtung an dem, was uns von dem Herrn der Kirche in den neutestamentlichen Zeugnissen gesagt ist. „Die Kirche ist tot. Es lebe die Kirche" ist ein Mut machendes und zugleich wagemutiges Buch. Es vertröstet nicht, sondern rüttelt wach. Es redet nicht schön, sondern lässt die Schönheit und Wirksamkeit einer schwachen Kirche erahnen. Wer dieses Buch zur Hand nimmt, wird nicht gedrängt, endlich die reine Wahrheit gegenüber der ach so bösen Welt zu postulieren. Hempelmann ermutigt aus der „Wahrheit zu leben" und in der daraus geschenkten Gewissheit, sich als Kirche um der Menschen willen zu riskieren. Ein verheißungsvoller Ansatz, lesenswert für alle, die eine Leidenschaft für Kirche haben und sich mit der gegenwärtigen Situation der Kirche nicht abfinden.

Werner Baur, OKR i.R.

Mit diesem Buch beweist Heinzpeter Hempelmann doppelten Mut: Er wagt es, die Zukunftsfähigkeit der Kirche radikal anzuzweifeln, ohne die verharmlosenden Wendungen und Schönfärbereien, welche zur „internen" Kirchenkritik sonst dazugehören. Und er wagt es, trotzdem für die Kirche zu hoffen – für eine gedemütigte Kirche, die wohl nicht ihre glorreichsten, aber möglicherweise ihre segensreichsten Tage noch vor sich hat.

Dr. Manuel Schmid, RefLab, Reformierte Landeskirche Kanton Zürich

Inhalt

Vorwort

Inzwischen merkt es fast jeder: Kirche und Christentum befinden sich in einer tiefen Krise. Sie haben in unserer Gesellschaft ihre weitgehende Selbstverständlichkeit verloren. Inzwischen muss man sich nicht mehr entschuldigen, wenn man aus der Kirche austritt; man sieht sich eher genötigt zu begründen, warum man denn noch zu ihr hält.

In einem *ersten* Kapitel versuche ich eine – sicher pauschale – Bestandsaufnahme der Gründe. Ziel ist es, nicht die Details auszumalen, sondern eine Gesamtschau anzubieten, wie sie sich mir nach mehr als vier Jahrzehnten Erfahrungen auf allen möglichen kirchlichen Tätigkeitsfeldern nahelegt.

In einem *zweiten* Kapitel möchte ich dieser sehr kritischen Analyse die Ressourcen gegenüberstellen, die gerade eine solche schwach gewordene Kirche besitzt, wenn sie offen und ehrlich Bilanz zieht und – in Gottes Namen – einen Neuanfang wagt. Damit das nicht theologisch-theoretisch bleibt, trage ich aus der akademischen Diskussion wie vor allem der praktischen Beratungsarbeit Impulse zusammen, die nicht einem Wünsch-dir-was-Katalog entspringen, sondern Wege für eine Kirche im Übergang weisen können.

In einem *dritten* Kapitel wird ein Hauptproblem evangelischen und katholischen Christentums fokussiert: Die beiden großen Kirchen haben weitgehend ihre Kommunikationsfähigkeit verloren und sind für die Mehrheit der Menschen in unserer Gesellschaft schlicht nicht mehr anschlussfähig. Eine neue Lebensweltorientierung ist nicht nur Masche und Methode. Sie folgt dem inkarnatorischen Gott, der kommuniziert, indem er wird wie wir. Was sind die praktikablen Konsequenzen?

Im *vierten* Kapitel möchte ich noch einmal klarstellen: Die Frage ist nicht, ob Kirche Zukunft hat, sondern *welche*. Sie gewinnt neu Zukunft, auch nach dem Ende des Konstantinischen Zeitalters, wo sie sich neu an der Kommunikation des dreieinigen Gottes ausrichtet.

Danken möchte ich meinem Freund und Lektor Uwe Bertelmann. Wenn dieses Büchlein eine überzeugende und gewinnende Gestalt hat, verdanke ich das seiner Mit-Arbeit, bis in inhaltliche Aspekte hinein. Sie ist ein weiteres Stück einer fruchtbaren Weggemeinschaft.

Kapitel I

Provokationen – Warum diese Kirche keine Zukunft hat

Persönliche Vorbemerkung

Dieser Text hat schon vor seiner Veröffentlichung in der Zeitschrift Theologische Beiträge[1] Kontroversen ausgelöst. Ich rechne damit, dass er auch bei den Lesern dieses leicht veränderten (u. a. um eine zwölfte Provokation erweiterten) Nachdrucks auf ebenso energischen, teilweise empörten Widerspruch stoßen wird, ebenso wie auf dankbare Zustimmung. Möglicher Hauptangriffspunkt ist die notwendigerweise flächige, weit ausgreifende und nicht um 1000 Differenzierungen bemühte Darstellung, die auch als gewalttätig, unfair und ungerecht empfunden wurde.

Ich nehme diese möglichen Einwände hier bewusst vorweg und entwaffne mich damit ein Stück weit selber. Ich habe mich trotz der polarisierenden Wirkung, ja sogar wegen ihr zum Abdruck entschlossen. Und das vor allem aus zwei Gründen. Der moderne Diskurs, auch der über die Kirche, ist gekennzeichnet durch das Bemühen um Differenzierungen. So notwendig diese an ihrem Ort sind, sosehr kann Diskurs – auch und der über und in der Kirche – eine im Endeffekt lähmende Wirkung entfalten. Schlicht formuliert: Man sieht vor lauter Bäumen, Ästen und Blättern den Wald nicht mehr. Technisch-administrativ gesprochen: Man versucht die noch bezahlbaren Immobilien gerecht auf die Gemeinden zu verteilen und entsprechend umzurechnen, und bemerkt nicht, was die Schließung von Kirchen für die Gesellschaft „bedeutet"; man versucht, die noch besetzbaren und bezahlbaren Pfarrstellen auf die immer kleiner werdende Zahl von Kirchenmitgliedern umzurechnen und in immer kürzeren Abständen das parochiale Netz neu zu stricken, und bemerkt nicht, dass es an vielen Stellen schon gerissen ist oder zu zerreißen droht.

Es fehlt das Gesamtbild, das letztlich handlungsleitend und zielgebend sein muss. *Bleibt* es allein beim analytisch-kritischen Diskurs, kommt es nicht zum Tun, das die notwendigen Veränderungen bringt, und diese gehen eben nicht in rein technisch-administrativen Maßnahmen auf. Ein Pfarr-Plan ist eben noch kein Fahrplan. Umgestaltung setzt den Mut zum Risiko eines – ungeschönten – Gesamtbildes voraus. Ich könnte mir selbst bei jedem der 12 Gründe, warum diese Kirche keine Zukunft hat, x-fach in den Arm fallen, seitenweise Differenzierungen vornehmen und – verstummen. Ich möchte aber nicht mehr nur Bäume, Blätter, Äste zeigen, sondern den Wald selber sichtbar machen. Dabei schreibe ich nicht nur aus einer engagierten Insiderperspektive, sondern beziehe auch das mit ein, was mir seit Jahren in Begegnungen außerhalb der kirchlichen Hauptamtlichen- und Funktionärsszene an Einschätzungen, Anfragen und Kritik begegnet.

Den ganzen Wald sehen, nicht nur Bäume, Blätter und Äste.

Das Resultat ist ein Wucht-Text, aber kein Wut-Text; apodiktisch im Ton, ohne Ausreden und Schminke, sicherlich korrektur- und ergänzungsbedürftig, mindestens aber ein Versuch, verschiedene Gründe zu benennen, warum evangelische Kirche in dieser Gesellschaft immer mehr an Gewicht verliert, und sich dabei nicht auf die bekannten religionssoziologischen und soziokulturellen Rahmenbedingungen zurückzuziehen.

Meine Überzeugung ist: So geht es nicht weiter. Dabei soll es aber auch von meiner Seite aus nicht bleiben. In einem bewusst zweiten Schritt benenne ich, unter welchen operationalisierbaren Bedingungen auch eine evangelische Kirche eine Zukunft hat (Kapitel 2, Ressourcen). Diese Vorschläge und die ihnen voraussichtlich folgende Diskussion soll der vorliegenden Analyse aber nicht die Kraft nehmen.

So geht es nicht weiter!

1. Die Kirche hat keine Zukunft, weil sie schlicht immer mehr Mitglieder verliert.

Die Zahlen sind hinreichend bekannt. Die großen Kirchen verlieren massiv und beschleunigt Mitglieder. Die Zahl der Kirchenaustritte steigt nicht nur linear, sondern exponentiell. Gehörten in Deutschland vor nicht allzu langer Zeit noch bis zu 90% der Bevölkerung zu einer der beiden großen Kirchen, so sind allein aus der evangelischen Kirche seit 1990 10 Mio. Menschen aktiv ausgetreten – und da haben wir noch nicht vom demografisch bedingten Mitgliederschwund geredet. Kein Geringerer als einer der ehemaligen Vizepräsidenten des Kirchenamtes der EKD, Thies Gundlach, kommentiert im Hinblick auf den Charakter von Kirche als Volkskirche: „Schlägt dieser beständige quantitative Verlust in eine neue Qualität um? Was bedeutet dies für das Ideal einer flächendeckenden Präsenz der Kirche? Wie verändert sich die Rede von der Volkskirche, wenn sie zwar weiterhin Großkirche bleibt, aber nicht mehr als Mehrheitskirche erfahren wird?“[2] Die Freiburger Studie zur langfristigen Entwicklung der Kirchenmitglieder und des Kirchensteueraufkommens prognostiziert bis 2060 einen Rückgang der Zahlen der Kirchenmitglieder um die Hälfte.[3] Man mag aus wissenschaftstheoretischer Sicht diskutieren, ob solche Prognosen seriös sind. Vorstellbar ist durchaus, dass sich der Prozess noch mehr beschleunigt. Sicher ist allerdings eines: Der Volkskirche laufen die Leute weg. Die Hauptveranstaltung von Kirche, der sonntägliche Gottesdienst, wird, setzt man freundliche Zähltage an, gerade noch von 3-4% der Mitglieder besucht. Das sind Vor-Corona-Zahlen. Was die Pandemie davon übrig gelassen hat, muss sich ja erst noch zeigen. Mich überrascht immer wieder, wie sehr man auf diese Veranstaltungsform fixiert ist, die quasi ein Monopol darauf hat, Kirche zu sein. Mich wundert, welche enormen personellen und finanziellen Mittel man für diese marginalisierte, quantitativ kaum noch ins Gewicht fallende Veranstaltung einsetzt. Mich verwundert, dass die ständig zurückgehenden Zahlen angesichts der angeblichen Bedeutung dieser Gottesdienstform kaum ein Aufreger sind. Man hat sich weitgehend daran gewöhnt.

Der Volkskirche laufen die Leute weg.

Wir sehen eine weit fortgeschrittene mentale Entfremdung weiter Teile der Bevölkerung von den Kirchen. Damit bin ich bei meinem zweiten Punkt.

2. Die Kirche hat keine Zukunft, weil sie kommunikativ ihre Anschlussfähigkeit verloren hat.

Die Kirche erreicht nur noch drei Lebenswelten in unserer milieufragmentierten Gesellschaft. In den SINUS-Milieus sind dies das nostalgisch-bürgerliche Milieu, vor allem natürlich die Traditionsorientierten und in Teilen postmateriell/sozialökologisch bewegte Menschen.[4] Vor allem die ersten beiden Milieus sehen in der Kirche ihre Heimat und fühlen sich in ihr wohl. Sie dominieren das kirchliche Leben und prägen ihm ihren Stempel auf. Das Resultat, sattsam bekannt, aber wenig beachtet: Sosehr wie sich die einen – in Kirchengemeinden oder aber auf

Kirchentagen dominierenden – Milieus wohlfühlen, so klar spüren die anderen, die allermeisten: Das ist nicht unsere Welt. Wolfgang Huber spricht von der Milieugefangenschaft der Kirche:

Die Sinus-Milieus 2021 in Deutschland:

> *„Unsere Berührungsängste richten sich auf diejenigen, die an den Rand geraten, genauso wie auf diejenigen, die in Entscheidungszentren und Verantwortungsberufen tätig sind. Unsere Berührungsängste halten uns von vielen kulturell Kreativen genauso fern wie von wirtschaftlich Erfolgreichen. Mit dieser sozialen geht eine geistliche Milieuverengung einher. Wir wollen dem Volk aufs Maul schauen, aber wir hören nicht, was es sagt. Das ist geistlich besorgniserregend. Denn wir kennen den Kummer vieler Menschen nicht und auch nicht ihre Freude. Wir ahnen die Zweifel nicht, die sie in sich tragen, aber auch ihre Glaubensfestigkeit ist uns fremd. Wir würdigen das Engagement der Eliten nicht und sind sprachlos gegenüber den Ausgeschlossenen an den Rändern der Gesellschaft. Milieugrenzen zu überschreiten, ist der Kirche der Freiheit aufgegeben. Die Befreiung aus der Milieugefangenschaft ist für die Reform unserer Kirche zentral.“*[5]

Sosehr die einen eingeschlossen sind, so sehr wissen sich die anderen ausgeschlossen. Kirche ist entgegen ihrem Anspruch und Selbstverständnis nicht „für alle da“.

Kirche wird mit *einem* Milieu identifiziert, zu dem man definitiv nicht dazugehören möchte. Konservativ-Gehobenen ist Kirche und Gottesdienst einfach zu schlicht, Postmateriellen ist sie zu unkritisch und unreflektiert, Performern zu unbeweglich, Expeditiven zu langweilig, Konsum-Hedonisten ein Ort der Regeln und ohne Spaß usw. usf.

Kommunikationsbarrieren kommen dazu. Menschen bewegen sich heute je nach Milieuzugehörigkeit in unterschiedlichen Medien, an ganz unterschiedlichen Orten, lassen sich von sehr unterschiedlichen Zeitbegriffen leiten, leben in sehr unterschiedlichen Sprachwelten, richten sich ein in krass gegensätzlichen Ästhetiken usw. Wer sie erreichen will, muss sich jeweils auf sie einstellen. Heutige Kommunikationskonzepte tun dies auch. In der Kirche hat man das nicht nötig. In ihr dominiert immer noch die „Komm-Struktur". Die Kirchengebäude und kirchlichen Immobilien wie Gemeinde- und Pfarrhäuser sind ja da. Sie müssen bespielt werden.

Es dominiert immer noch die „Komm-Struktur".

Das wird nicht immer so krass ausgedrückt wie im Votum des Pfarrers, der auf die Frage nach adressaten- und zielorientierten Veranstaltungen die Antwort gab: „Wir machen doch schon jeden Sonntag Gottesdienst für alle."

Ein halbes Jahrhundert Gemeindeaufbau- und Gemeindeentwicklungsprogramme haben als unhinterfragte Voraussetzung die „Komm-Struktur". Auch für die ausgesprochen attraktionalen Programme gilt: Die Leute sollen in die Kirche, den Gottesdienst, in die kirchlichen Immobilien kommen. Alles andere wäre ja auch keine kirchliche Veranstaltung, kein richtiger Gottesdienst usw. So verliert man gerade die nachwachsende Generation, vermutlich auch schon einen erheblichen Teil der jetzt mittleren Generation. Junge Menschen gehen nicht in Kirche und Gemeindehäuser – nicht, wenn sie nicht müssen. Und nach der Konfirmation, zu deren Vorbereitung sie mussten, müssen sie nicht mehr. Die Komm-Struktur ist sowohl im immensen finanziellen Aufwand sichtbar, den diese steinreiche Kirche für ihre Immobilien treibt, von denen sie sich nur sehr schwer trennen kann, weil sie für ihre vergangene Größe stehen. Sie ist aber auch wahrnehmbar in der Schwerpunktsetzung auf den Erhalt der Gemeindepfarrämter, der die (auch im frommen Flügel gegebene) Bereitschaft gegenübersteht, die sog. Sonderpfarrämter zu reduzieren. Die sind ja eigentlich nicht nötig, weil sie nicht „der Gemeinde" dienen. Aber ausgerechnet mit diesen funktionalen Diensten ragt Kirche noch in die unterschiedlichen Lebenswelten der Menschen hinein. Die angebliche

Konzentration auf die Kernkompetenz ist in der Sache die Monopolisierung der Kernmilieus, die man bei der Stange halten will, so lange es geht.

Theologisch bedeutet das, dass Kirche ganz unevangelisch Bedingungen aufrichtet für ein Mitleben in der Gemeinschaft der Heiligen: Wenn du Christ sein und in der Kirche leben willst, musst du unsere subkulturelle Prägung annehmen und teilen.[6]

Soziokulturell geht es (a) um die Theorie der Orte und Unorte, wie sie etwa der französische Soziologe Michel Foucault entwickelt hat, nach der Menschen instinktiv bestimmte Orte favorisieren und andere ebenso instinktiv meiden[7]. Es geht weiter (b) um die Frage der Ästhetisierung des Alltags, incl. Musik, Formen sprachlicher Verständigung, Stilisierung der eigenen Lebenswelt. Wie der ebenfalls französische Soziologe Pierre Bourdieu in seiner bahnbrechenden Arbeit über *Die feinen Unterschiede* herausgearbeitet hat, kommt dieser individuellen Ästhetisierung, mit der ich mich zugleich einem Milieu oder Submilieu anschließe, eine zentrale Bedeutung für das Selbstverständnis von Menschen zu. In unseren Zeiten, wo die Religion Gegenstand individueller Wahl ist, kann ich weder die Orte noch die Ästhetisierung einfach vorgeben. Es geht weiter (c) um die Frage der Ressourcenverteilung und Ressourcengerechtigkeit. Wenn der überwiegende Teil der Finanzmittel der Kirche in die Erhaltung des kirchengemeindlichen Lebens fließt (incl. Gemeindepfarramt etc.), dann werden hier vor allem zwei Milieus „bedient" und massiv bevorzugt (das traditionelle und das nostalgisch-bürgerliche Milieu). Erik Flügge stellt fest: 90% der Kirchenmitglieder bezahlen, was – mit abnehmender Tendenz – noch 10% nutzen[8]. Das irritiert. Kirche ist mitnichten für alle in gleichem Maße da. Und wenn Menschen dann aus Anlass von Kasualien, für die sie ein Leben lang gezahlt haben, auf unflexible Kolleginnen und Kollegen stoßen, die ihren Gestaltungswünschen gegenüber mit kirchlichen Ordnungen argumentieren, ist die Kommunikation vollends gestört, weil Kirche oft genug und wieder wie eine Behörde erscheint.

Damit bin ich nahtlos bei meinem dritten Punkt:

3. Die Kirche hat keine Zukunft, weil sie ein geschlossenes System und veränderungsunfähig ist.

Kirche ist als System selbsterhaltend, als Institution selbstbehauptend und als Milieu selbstergänzend. Viele kleine Anpassungen führen dazu, dass das System als solches überleben kann, ohne sich grundlegend ändern zu müssen. In der Konsequenz ist heute Kirche als Institution vor allem damit beschäftigt, die nötigen Anpassungsprozesse (wie Pfarr-Plan und Immobilienplan) zu organisieren. Da aufgrund des hohen Gegendrucks immer nur die notwendigsten Anpassungen passieren, werden diese angesichts der sich immer weiter verändernden Gegebenheiten in so kurzen Abständen nötig, dass Kirchenleitungen und Kirchengemeinden aus den Schrumpfungsprozessen gar nicht mehr herauskommen.

Im Wesentlichen mit sich selbst beschäftigt

Die Professionalität, mit der Verwaltungen die Änderungen administrativ umsetzen, wird der Kirche geradezu zum Verhängnis. Die Konsequenzen sind:

- Die Kirche ist im Wesentlichen mit sich selbst beschäftigt.
- Die Kirche erscheint als Institution, die im Wesentlichen mit Überleben und Selbstbehauptung beschäftigt ist; der es um sich geht und weniger um andere.
- Systemanpassungen verhindern Systemänderung. Selbst das Setzen von Schwerpunkten durch Ressourcenkonzentration wird extrem schwierig, weil es angesichts knapper Mittel kaum noch im Konsens organisierbar ist.
- Die Kürzungen im Rasenmäherstil verhindern notwendige Schwerpunktsetzungen, mit denen man als Leuchtfeuer Zukunftsfähigkeit

gewinnen und signalisieren könnte. Die Rettungsaktionen, mit denen man zu erhalten sucht, was auf Dauer ohnehin keine Zukunft hat, fressen die verbliebenen Ressourcen für Veränderungen auf.

(Fast) alle spüren: So geht es nicht weiter. Das System reagiert aber insgesamt wie der Frosch, der nicht aus dem immer heißer werdenden Wasserglas springt, weil sich dieses nur langsam erwärmt.

Das System reagiert wie der Frosch, der nicht aus dem immer heißer werdenden Wasserglas springt.

Die Kirche erscheint als veränderungsresistent, mit verheerenden Folgen für die, die sich z. T. schon sehr lange in ihr und für sie engagieren, ja an ihr leiden: Selbst Gutwillige suchen in Zeiten alternativer Optionen effizientere Alternativen als „Kirchenreform". Es gibt inzwischen viele, sehr viele, die diesem Prozess nicht weiter zusehen und Teil von ihm sein wollen. Warum sich abmühen, wenn ich ohne jede Mühe eine eigene Gemeinde gründen oder mich einer lebendigen, ästhetisch ansprechenden und meinem modernen Lebensgefühl entsprechenden Gemeindebewegung anschließen kann?

Die Frage ist, ob ein solcher Systembruch nicht letztlich unausweichlich ist. Eine über Jahrhunderte gewachsene hierarchisch aufgebaute Behörde bremst Aufbrüche und Initiativen der Basis zuverlässig aus, „bindet" sie ein und „verhindert so Schlimmeres". Formierend sind die System-, die Kontroll-, die Versorgungs- und die Theologen-Logik. Ich nenne zwei Beispiele, die Licht auf die Situation werfen: In den letzten anderthalb Jahren habe ich so viel Post vom Oberkirchenrat bekommen wie noch nie zuvor. Ausführungsbestimmungen zum Umgang mit der Corona-Krise ohne Ende, mit denen man versuchte, die jeweils aktuellen staatlichen Vorgaben umzusetzen. Ein Hauptproblem dabei: Wie gehen wir damit um, dass Menschen das Abendmahl empfangen, ohne leibhafte Anwesenheit einer Pfarrerin oder einer Pfarrers? Ist das überhaupt denkbar? Unter welchen Umständen ist das eventuell legitim? Viele Menschen gehen mental unter, und die Kirche ist mit Regularien beschäftigt. Ein zweites Beispiel, aus meiner Heimatkirche in Württemberg. Laut einem der letzten Jahresberichte der Ev. Landeskirche in Württemberg entspricht die Zahl der neu in der Behörde des Oberkirchenrates und in der Kirchenleitung geschaffenen Verwaltungsstellen exakt der Zahl der aus finanziellen Gründen gestrichenen Pfarrstellen in den Gemeinden. Wenn wir schon zugrunde gehen, dann wenigstens geordnet.

4. Die Kirche hat keine Zukunft, weil Konstantinisches Kirchentum nur noch eine historische Größe ist.

Kirche ist historisch eine Größe, aber eben nur noch historisch. Eine Kirche, die sich auf diese mit mannigfachen Privilegien verbundene Monopolstellung und Struktur fixiert, hat ihre Zukunft hinter sich. Ihre vergangene Größe ist ihr größtes zukünftiges Handicap. Ihre Zukunft sucht man dann in der Vergangenheit, in der Fixierung auf sie, in der Beschwörung einstiger Größe. Der Dom, das Münster, das evangelische Pfarrhaus als Brutstätte des Geistes, das evangelische Stift etc. Ihr angesammelter kultureller Schatz ist zugleich die größte Hürde und Barriere für kulturelle Neugewinne. Wir haben doch schon alles – übergenug.

- Die Kirche hängt mental und strukturell in der Vergangenheit fest; sie ist nicht nur mental und kulturell ein Traditionsverein. Ihre parochiale und ortsgemeindliche Gliederung war sinnvoll, als sie für den Staat Funktionen der Kontrolle der Bevölkerung wahrnahm. Ihre behördenmäßige Administration war sinnvoll als gleichberechtigtes Gegenüber zum Staat. Ihr Religionsunterricht als ordentliches Lehrfach war sinnvoll, als sie die Institution war, der die moralische Prägung und Indoktrination der Bevölkerung oblag. Der staatliche Kirchensteuereinzug war sinnvoll, weil diese geregelte Form der Mittelbeschaffung die Finanzierung ihrer institutionellen Funktionen sicherstellte. Die Kirche kann nicht Abschied nehmen von dem, was sie in einer 1700 Jahre alten Ehe mit dem Staat geworden ist.

- Sie realisiert nicht, dass ihr der Mantel oder besser die Rüstung Sauls inzwischen viel zu groß und auch zu schwer geworden ist. Von Kindergärten und Kitas über evangelische Krankenhäuser und Senioreneinrichtungen bis hin zum Religionsunterricht an den Schulen: Sie hat vielfach keine Kraft mehr, evangelisch zu prägen.
- Sie ist nicht bereit, den Epochenbruch wahrzunehmen, den das Ende der Konstantinischen Ära bedeutet – als Konsequenz der Trennung von Kirche und Staat, der Säkularisierung, der Privatisierung von Religion, der Relativierung des Christentums als der dominanten Glaubensform, der programmatischen Pluralisierung, die nicht nur Pluralität akzeptiert, sondern Pluralismus zum Programm macht und sich natürlich in erster Linie gegen die alten Platzhirsche wendet. Der Traditionsabbruch geht mit dem Verlust der Pastoralmacht (Michel Foucault) einher. Die Multioptionsgesellschaft setzt auch die Kirche den Marktkräften aus und lässt sie nicht besonders gut aussehen.
- Ihre Tragik ist, dass sie systemkonform, aber – wie die Corona-Krise gezeigt hat – nicht mehr systemrelevant ist. Offene Baumärkte sind für jedermann sichtbar wichtiger als offene Kirchen.[9] Kirchen hätten protestieren müssen gegen das hunderttausendfache Massen-Elend ohnehin schon unter ihrer Isolation leidender Menschen; sie hätten protestieren müssen gegen eine Verabsolutierung der medizinischen Perspektive und der buchstäblich resultierenden sehr einseitigen Konstitution sozialer Wirklichkeit.[10]

Die Kirche ist systemkonform, aber nicht mehr systemrelevant.

- Kann der programmatische Protest gegen alles Normative, das unbedingte Plädoyer für das Bunte und Vielfältige und für den Vorrang der individuellen vor allen allgemeinen Wahrheit nicht auch gelesen werden als Reaktion auf eine außerordentlich wirksame, aber ebenso unheilvolle Melange von staatlicher Macht, kirchlicher Dominanz und griechischem Geist? Platons Philosophie setzt die Idee in die Welt, es gebe das wesentlich Wahre und Richtige. Die Kirche besetzt die Wahrheit durch absolute, letzte Offenbarungsansprüche, die der Staat sichert – unter der Bedingung, dass die Kirche wiederum ihn legitimiert? Geht nicht ein anhaltendes Aufatmen durch die Gesellschaft, dass diese Zeit, die sich tief ins kulturelle Gedächtnis eingetragen hat, nun vorbei ist?

5. Kirche hat keine Zukunft, weil viele Christen sich schämen, zur Kirche zu gehören, und sich deshalb auch nicht gerne zu ihr bekennen.

Sie schämen sich für eine Kirche, die der Grund dafür ist, dass so viele, vor allem junge Menschen nichts mehr vom Evangelium erwarten, Glauben für veraltet, überholt und unglaubwürdig halten und auch Jesus als Hoffnung abgehakt haben. Sie möchten sich am liebsten von einer Kirche und einem Christentum distanzieren, das dem, worum es geht, geradezu im Weg steht. In welchem Umfang engagiert sich diese im internationalen Vergleich unglaublich wohlhabende Kirche für die, die materiell und geistig arm sind? Wie nahe steht sie wirklich bei denen, deren Einstellungen schlicht sind? Wie heftig sind die Ekelschranken, die man gegenüber den Anschauungen im prekären Milieu vorfindet, von dem man sich als ordentlicher Protestant nur avers abwenden kann?

Natürlich ist die Kirche ein durch und durch menschlich-allzumenschliches Unternehmen, und das wird sich auch bis zum „Jüngsten Tag“ kaum ändern. Schlimm ist aber, dass Menschen sich eben nicht nur von der Kirche, sondern auch von Gott und vor allem von Jesus abwenden, weil auch das an vielen Orten beanspruchte Gutmenschentum im traditionellen oder bürgerlichen oder sozialökologischen Gewand geistlich eben nicht sattmacht. Muss man sich nicht geradezu von der Kirche distanzieren, wenn man deutlich machen will, was christlicher Glaube bedeutet? Von allem Verknöcherten, Antiquierten, Vergangenheitsfixierten, Unmoralischen? Von Machtstreben und Selbstbehauptungswillen in frommem Gewand, aller bigotten, durch die Taten widerlegten Botschaft?

Sie schämen sich nicht ihres Glaubens oder Gottes, aber

- sie schämen sich einer Kirche, die immer noch als moralische Anstalt auftritt und ihre Rolle als sittlicher Zuchtmeister bis heute nicht ganz aufgegeben hat; die andere beschämt, aber zum (Fremd-)Schämen ist, weil sie den eigenen ethischen Standards nicht Genüge tut (aktuelles Beispiel: die absolut unbefriedigende Aufarbeitung der Missbrauchsskandale; die unglaubliche Energieverschwendung durch das aufwendige Aufheizen ausgekühlter Steinungetüme für eine Stunde Gottesdienst, der auch im Gemeindehaus nebenan stattfinden könnte; die skandalöse Verwendung von Kirchensteuermitteln, die nur zu einem kleinen Teil diakonischen Zwecken dienen, etc.);
- sie schämen sich einer Kirche, die in ihrer Traditionsverhaftung, in ihrer Beschäftigung mit sich selbst, in ihrem Hängen an alten Zöpfen und überkommenen Regeln nur peinlich ist; die seltsam wirkt, aus der Zeit gefallen, mit ihrem hohen Alter und ihrer Modernisierungsverweigerung, mit ihrem Ruf als Alte-Leute-Klub und Traditionsverein, auch mit ihrer Fortschrittsskepsis und ihrer Leistungsfeindlichkeit, die aber immer noch beansprucht, allen etwas zu sagen zu haben;
- sie schämen sich einer Kirche, die moralisch diskreditiert ist, weil sie sich über anderthalb Jahrtausende zum Büttel des Staates gemacht hat,

die Bevölkerung kontrolliert und überwacht hat; die meist auf der Seite des Stärkeren stand und viel zu wenig die Partei der Schwächeren eingenommen hat, die aber trotz allem immer noch mit einem hochmoralischen Anspruch daherkommt;

- sie schämen sich einer Kirche, die für Besserwisserei steht und Hochmut; die – bis heute – in unterschiedlicher Weise den Gottesstandpunkt für sich beansprucht, trotz aller Schuld, in die sie sich verstrickt hat, und allem Druck, den sie auf Menschen ausgeübt hat, ganz gleich ob sie sich durch individualethische, vorzugsweise sexualethische Restriktionen hervortut oder durch Weltuntergangsszenarien motivierte Fahr- und Essverbote oder politisch agitierende Kontaktverbote zu Menschen, deren mentale Einstellung ihre führenden Repräsentanten nicht nachvollziehen können. Kaum eine gesellschaftliche Institution fordert mehr zu Toleranz auf und kaum eine zieht gleichzeitig mehr Distinktionsgrenzen und Ekelschranken hoch: Menschen aus dem Konsum-Hedonistischen Milieu sind viel zu unpolitisch; Personen aus dem prekären Milieu leben verabscheuungswürdige Geschlechterklischees und tendieren dazu, rechtsextrem zu wählen und zu denken; die Adaptiv-Pragmatischen denken nur an sich und wie sie weiterkommen; die Nostalgisch-Bürgerlichen tendieren zu rechtsextremen Auffassungen und sind zu wenig zivilgesellschaftlich engagiert; die Expeditiven ticken zu individualistisch und haben keinen Blick für die Gemeinschaft, ganz zu schweigen von den egotaktischen Adrelinjunkies, die nur noch ihre Selbstfindung suchen; die Traditionsorientierten sind – nun ja – einfach nur im Weg, wenn es um Veränderungen geht; die konservativ-gehobene Elite hat nur Interesse an der Stabilität des Systems, ähnlich die Performer, die sich als Workaholics kaputt arbeiten. Eigentlich richtig und wichtig sind nur die Menschen mit einer postmateriellen Einstellung, am besten sozial-ökologisch zugespitzt.
- sie schämen sich einer Kirche, die gar nicht merkt, wie sie sich mit den vorhersehbaren Verlautbarungen ihrer Repräsentanten selbst banali-

siert und ihre gesellschaftliche Bedeutung bagatellisiert. Traut man sich wirklich nichts anderes mehr als civil religion?

- sie schämen sich einer Kirche, die trotz des Verlustes ihrer Pastoralmacht nicht davon lassen kann, anderen Menschen sagen zu wollen, wie sie zu denken, handeln und zu reden haben, ganz gleich ob das unter frommer, Öko- oder Genderflagge geschieht;
- sie schämen sich einer Kirche, die gar nicht mehr merkt, dass die meisten sich von niemandem mehr und auch nicht von ihr (von ihr schon gar nicht!) sagen lassen, wie sie zu denken und zu leben haben; die nicht kapiert, dass der klassische normative Horizont von sehr vielen Menschen gar nicht mehr nachvollzogen werden kann; statt dessen übt sie sich (wieder peinlich) in Zivilisationskritik an der Postmoderne als Verfallsprodukt, ohne zu kapieren, was die Stunde geschlagen hat und was es hier zu lernen und profitieren gibt;
- sie schämen sich einer Kirche, die für beispielloses Versagen bei überragender Verantwortung steht, aber von Ausnahmen abgesehen nicht zu ihrer mannigfachen Schuld steht. Sie schämen sich einer Kirche, deren kritischer Habitus doch nur möglich ist, weil sie einen riesigen blinden Fleck hat, der es ihr ermöglicht, zu übersehen, wie die Amalgamierung von der Religion der Nächsten- und Gottesliebe und der Legitimation von staatlicher Gewalt und von eigener sozialer Macht-Praxis den Glauben diskreditiert. Wäre sie sich hier des Schadens bewusst, den sie mitverantwortlich angerichtet hat, würde sie dann nicht demütiger und nur noch um Heilung und Hilfe bemüht auftreten? Könnte die Kirche nicht dann erst wieder glaubwürdig auftreten, wenn sie bewusst durch die schrecklichen Seiten der Christentumsgeschichte hindurchgegangen wäre? Und wie würde sie dann auftreten, wenn sie durch einen solchen Prozess hindurchgegangen wäre? Wären nicht Umdenken und Umkehr die zentralen Begriffe für eine Kirche, die sich ihr Versagen vergegenwärtigt, und nicht Kritik – vor allem an anderen?

Wir erleben dagegen eine Kirche,

- die nach wie vor als moralische Institution[11] auftritt und anderen predigt, aber selber – jüngstes furchtbares Beispiel: der schon angesprochene mannigfache sexuelle Missbrauch – nicht in der Lage ist, ohne Wenn und Aber ihre Schuld zu bekennen, aufzuräumen und den Betroffenen „angemessene" Hilfe zu leisten (wenn es die denn überhaupt geben kann)[12];
- die Wein trinkt und Wasser predigt, die die Mittel hätte, sich in beispielloser Weise Menschen in prekären Lebensverhältnissen und diakonisch zu behebender Not zuzuwenden, aber lieber zu Spenden auffordert und einen befürchteten Rückgang von Kirchensteuern beklagt,
- die (jedenfalls bei uns) über immer noch unglaubliche materielle Möglichkeiten und Humanressourcen verfügt, diese aber verschwendet, weil sie sich nicht von überkommenem Denken lösen mag.
- Zu denken ist an das implizite immer noch zu findende ekklesiologische Konzept des full service in jeder Kirchengemeinde. Alle müssen dieselben Komplett-Leistungen erbringen. Dies wird durch das oftmals gegebene Konkurrenzdenken zwischen benachbarten Gemeinden noch angeheizt („wenn die, dann wir auch"). Zu denken ist an die in Groß- und Mittelstädten immer noch zu findenden, mit erheblichem Aufwand vorbereiteten und parallel durchgeführten Gottesdienste, die sich nahezu zur selben Zeit an nahezu dasselbe Publikum wenden – und von denen im Regelfall keiner überfüllt ist. Was für Möglichkeiten der Milieuüberschreitung gäbe es hier, wenn die Ressourcen sinnvoller eingesetzt würden und Menschen in der Großstadt (und selbst auf dem Land!) zugemutet würde, was sie doch auch sonst schon üben: mobil und etwas flexibel zu sein.

6. Die Kirche hat keine Zukunft, weil sie nicht (mehr) lebensnotwendig ist.

Man weiß schlicht nicht mehr, warum man sich zu ihr halten soll, abgesehen natürlich von denen, die ihr kirchliches Leben als Traditions-Verein gestaltet haben und mit Klauen und Zähnen diese Gemeinschaftsform als die Kirche verteidigen – aus ihrer Sicht natürlich zu Recht.

Kirche ist vom Konzept her eine Rettungsbootgemeinschaft, die allen in Not eine Zuflucht bietet. Bei einem Rettungsboot geht es nur darum, dass ich drin bin, mich an es klammere, unbedingt hinein will und drin bleiben möchte. Da interessiert nur sekundär, wer sonst noch drin ist und mit wem ich mich arrangieren muss.

So ein Rettungsboot ist einfach notwendig. In theologisch manchmal fragwürdiger und manchmal problematischer Weise hat es Kirche über mehr als 1500 Jahre geschafft, sich als eine solche für das Leben notwendige Gemeinschaft zu etablieren. Zu nennenswerten Zahlen von Kirchenaustritten kam es erst seit Beginn des 20. Jahrhunderts. Für diese unverzichtbare „Systemrelevanz" gab es politische, kulturelle und natürlich auch theologische Argumente, die wir heute teilweise aus guten Gründen nicht mehr teilen. Wie sieht aber eine alternative Begründung von Kirche aus? Ist ihre Noch-Existenz ihr stärkstes Argument? Positiv gefragt: Worin besteht die „Seenot", aus der sie rettet? Haben wir die als Kirche nicht vielleicht selber durch universalistische Ansätze und religionstheologische Dialogkonzepte beseitigt? Im Gegensatz zu philosophischen Konzepten, die die abgründigen Nöte in dieser Welt vielfach viel radikaler und offener ansprechen, sind wir uns vielleicht auch zu fein geworden, das ebenfalls zu tun.

Wo ist Kirche heute die Speerspitze kultureller Entwicklung? Wo liefert sie – wie von J. Habermas[13] gefordert – Beiträge, die für eine normativ kraftlos gewordene praktische Vernunft unverzichtbar sind? Wo ist vor allem ihr theologischer Anspruch geblieben, dass es an Jesus Christus vorbei keinen Weg zu Gott als Vater gibt? Wo liefert sie eine Weltanschauung, die den Abgründen und Gräueln der täglich erfahrbaren Geschichte(n) gewachsen wäre? Wo sie, um nicht als unmodern zu erscheinen, ihren biblisch-theologisch begründeten soteriologischen und kosmologischen Rucksack über Bord geworfen hat, da hat sie gleichzeitig auch ihre Existenzberechtigung aufgegeben. Als gesellschaftliche Institution zehrt sie noch den über Jahrhunderte gewordenen Einfluss der Vergangenheit auf. Ansonsten ist eigentlich nicht mehr zu verstehen, warum man sich zur Kirche halten soll. Ein konventionelles Mitgliedschaftsmodell dominiert. Dieses ist aber sehr instabil. Es braucht nur eine kleine Irritation, um von Mitgliedschaft zu Austritt umzuschalten.

Wo ist Kirche heute die Speerspitze kultureller Entwicklung?

Spiritualität – gibt es woanders lebendiger und interessanter.

Ewiges Heil – gibt es doch überall, wenn ich der dominanten universalistischen Verkündigung und pluralistischen Religionstheologie folgen darf.

Diakonische und soziale Hilfe – liefern viele. Sind DRK und ASB etwa schlechter?

Geselligkeit im Verein – finde ich auch woanders.

Bildung und Kultur – ebenso.

Politisches Engagement – bringen doch schon die Parteien. Es ist nett, dass es das alles – genauso wie Sport- und Chorarbeit – auch in den Kirchen gibt. Aber die entscheidende Frage lautet doch: Warum soll ich in der Kirche sein oder bleiben? Was ist der Daseinszweck von Kirche? Was bietet mir die Kirche, was ich lebensnotwendig brauche und was ich nur hier finde?

Ich habe auf meinem Rechner einen Ordner mit dem Namen EKD-Quark. In ihm sammele ich die jeweils neuesten, völlig entbehrlichen Äußerungen. Eine der neuesten EKD-Blumen ist der EKD-Text 136: Bezahlbares Wohnen. Andere Themen, zu denen sich dann auch noch die

Kirche zu Wort meldet: Friedliches Zusammenleben, Toleranz und Dialog. Antisemitismus und Islamophobie. Leere, abgestandene, in der Regel wenig hilfreiche Normativität! Bitte, nicht falsch verstehen: Das sind ungeheuer wichtige Anliegen. Aber was ist der spezifische Beitrag der Kirchen zu ihnen? Plappern sie nicht nur nach? Konkret: Was hilft das Evangelium von Jesus Christus in diesen Fragen?

Ich bringe das Problem mal auf einen – horribile dictu – marktwirtschaftlichen Nenner:

7. Die Kirche hat keine Zukunft mehr, weil sie ihren Unique Selling Point (USP) verloren hat.

Wofür ist Kirche da? Wofür steht sie, sie allein? Was macht sie unverwechselbar? Was finde ich nur bei ihr? Was sollte mich in dieser Welt der Optionenvielfalt, der tausend religiösen Möglichkeiten und vielfältigen Lebensstil-Konzepte, dazu bringen, Kirche in irgendeiner Weise für unverzichtbar zu halten?

Eine allgemein überzeugende Antwort gibt es nicht. Die unterschiedlichen Gruppen bringen in ihre total gegensätzlichen Definitionen und Konstitutionen von Kirche jeweils ihre speziellen Partikulareinsichten und -interessen mit ein. Das Ergebnis ist Kirche als „Selbstbedienungsladen", in dem jeder seine Anliegen mit der spirituellen Weihe versehen lassen kann, er vertrete ja ein „kirchliches" Anliegen. So verliert man Identität. Identität diffundiert, eben auch, weil nicht mehr gerungen wird um das, wofür Kirche vor allem steht, und weil das nicht mehr sichtbar ist. Ich unterstelle böse: auch nicht mehr sichtbar sein soll. Weil ein gut gemeinter Pluralismus,[14] der sich liberal begründet, für alles und jedes in der Kirche Platz sieht und jedes individuelle Anliegen kirchlich tauft. Weil ja alle Individuen gleich viel wert sind, sind es – so schließt man schief – auch ihre Anliegen und Anschauungen. Man darf ja niemanden ausschließen.[15] Das Ergebnis ist ein Jahrmarkt oder ein Supermarkt, in dem man (fast) alles findet. Aber warum soll man ausgerechnet den aufsuchen, wenn man seine Bedürfnisse und Wünsche eben auch woanders gut befriedigen kann; wenn es etwa den Fachmarkt um die Ecke gibt, dessen Personal qualifizierter ist und dessen Ware hochwertiger ist? Kirche reagiert auf diese Fragen nicht mit einer Konzentration und Fokussierung, sondern mit einer Verbreiterung ihres Angebotes.

Gut gemeinter Pluralismus, der jedes Anliegen kirchlich tauft.

Aber

- Warum soll ich mich in der Kirche für ökologische Anliegen einsetzen, wenn ich das woanders auch, ggf. besser tun kann?
- Warum soll ich mich in der Kirche für soziale Anliegen einsetzen, wenn das die SPD und Linke auch, ggf. professioneller, machen?
- Warum soll ich in der Kirche gegen Kriege protestieren, wenn die pazifistischen Vereinigungen das auch, ggf. überzeugender und effizienter, tun?
- Warum soll ich mich zu Gottesdienst und Ständerling einfinden, wenn Sportvereine mir ebenfalls Gemeinschaft bieten, womöglich viel ungezwungener?

Es ist ja nichts dagegen einzuwenden, dass es all das in der Kirche gibt. Es ist nur nicht einzusehen, warum man das in der Kirche suchen soll, positiv formuliert: was das jeweils mit ihrem Markenkern zu tun hat. Finde ich hier Gründe, mich heute noch zur Kirche zu halten?

8. Die Kirche hat keine Zukunft, weil sie falsch ausbildet, die falschen Leute ausbildet, und auch noch stolz darauf ist.

Im Theologiestudium finden sich Althebräisch, Altgriechisch, Altphilologie und Althistorie, und wir sind zu Recht dankbar dafür, weil es uns hilft, einen vertieften Zugang zu Gottes Handeln in der Geschichte zu finden. Ergebnis der theologischen Ausbildung sind aber viel zu oft kleine theologische Wissenschaftler, statt der zu Gemeindegründung in der Großstadt fähigen Entrepreneure; wir bilden Halbgelehrte aus statt Manager, die auf die Herausforderungen eines siebenstelligen Haushaltsvolumens und der Personalführung vorbereitet sind; wir bilden monologisierende Pastoren aus statt Kommunikateure, die sich milieusensibel in unterschiedliche Lebenswelten einfädeln können. Das Studium ist so angelegt, dass die Milieuverengung des hauptamtlichen Personals geradezu programmiert ist. Kinder aus Bildungshaushalten sind favorisiert.

Bestimmend sind stille, sanktionenbewehrte Voraussetzungen:

Flaschenhals Gemeindepfarramt

Voraussetzung 1: Mittelpunkt kirchlichen Lebens ist das Pfarramt, sprich das Gemeindepfarramt. Konsequenz: Der oder die eine Geistliche wird zum *Flaschenhals*, der oder die über Wohl und Wehe einer Gemeinde entscheidet.

Voraussetzung 2: Der Theologe ist das *non plus ultra* kirchlicher Berufe. Konsequenz ist die Pfarrerkirche, die Rückführung der Diakonenstellen; die Reduktion ausgerechnet der Dienste, mit denen man in die Lebenswelten der Menschen hineinreicht.

Voraussetzung 3: Es muss – natürlich theologische – Hauptamtliche geben, die die Gemeinde leiten. Sie dominieren; sie bestimmen, auch wenn sie von der Berufs- und Arbeitswelt derer, für die sie verantwortlich sind, vielfach wenig Ahnung haben, im Gegenteil von Privilegien zehren, die sie zunächst einmal unsensibel machen für die Herausforderungen, vor denen ein normales Gemeindeglied steht. Ich bin unheimlich dankbar, dass Gehalt und Pension in Corona-Zeiten automatisch weitergelaufen sind. Aber ich habe eben keine Ahnung davon, unter welchen Druck hier andere Gemeindeglieder gekommen sind, von der Putzfrau bis hin zum Kleinunternehmer. Die verantwortliche Mitwirkung des Ehrenamtes in der Kirche oder gar in der Leitung von Kirchen hat trotz jahrzehntelanger Debatten keine Chance und soll wohl auch keine haben. Sie wäre ja viel zu riskant und bürge die Gefahr revolutionärer Ideen und tiefgreifender Veränderung in sich.

Wohlgemerkt: Problematisch sind nicht gut ausgebildete, zu Reflexionen wie den vorliegenden fähige Theologen. Problematisch sind (1) die Theologenkirche und (2) die Ekklesiologie, die sie trägt und zugleich erfordert.

9. Die Kirche hat keine Zukunft, weil sie eine Theologie duldet, akzeptiert und sogar fördert, die tödlich ist und geistliches Leben wie Gemeindewachstum zerstört.

Das gilt

- systematisch-theologisch: Glaube ist akzeptabel artikulierbar lediglich als *fides qua*, als Bewusstseinszustand; die *fides quae*, die Glaubensinhalte, sind potenzielle Quelle für Konflikte. Eine Auseinandersetzung mit materialen theologischen Fragen findet kaum noch statt. So wird das Gespräch mit den Naturwissenschaften allenfalls unter ethischen Gesichtspunkten geführt. Wo kommt Gott noch als die alles bestimmende Wirklichkeit (Wolfhart Pannenberg) ins Spiel? Wo bleibt eine aus der Mitte des christlichen Glaubens heraus begründete evangelische Ethik?

- biblisch-theologisch: „Wissenschaftliche“ Exegese biblischer Texte geschieht unter Ausschluss des Gottesgedankens, ganz gleich, ob die Maxime des methodischen Atheismus sie in einen Dauerkonflikt mit ihrem Gegenstand bringt. Die durch den „Kirchenvater“ Immanuel Kant erzwungene und weithin gültige subjektphilosophische Voraussetzung kulturprotestantischer Theologie bedingt, dass theologisch nur noch Gottesvorstellungen[16] thematisiert werden können. Von Gottes Wirklichkeit darf – unabhängig von der Frage, ob sie sich historisch aufdrängt – a priori nicht mehr gesprochen werden. Akademisch wird die Bibel geköpft und um ihren eigentlichen Anspruch gebracht. So bringt man sich um die eigene Pointe, bricht den eigenen Aussagen selbst die Spitze ab und bagatellisiert sich akademisch und öffentlich selbst.
- Praktisch-theologisch: Es gilt der im Studium verbreitete Grundsatz: je gemeindeferner, desto besser; je weniger Praxisrelevanz, umso mehr wissenschaftliche Bedeutung.[17] Der Bezug auf Glaube wäre unwissenschaftlich. Das Schielen nach praktischer Relevanz würde die beanspruchte wissenschaftliche Objektivität infrage stellen. Theorie des Christentums, nicht aber Glaubenskommunikation ist der Fokus. So entsteht eine Ausbildung, die der Kirche nicht dient.

Wissenschaft unter Ausschluss des Gottesgedankens und ohne Praxisrelevanz

- Kirchengeschichtlich: Kirchengeschichte degeneriert zur Theorie von Theorienbewegungen. Sie ist nicht mehr Geschichte der Auslegung der Heiligen Schrift (Gerhard Ebeling), verstanden als Missions-, Erweckungs- und Beispiel-, also Best-Practise-Geschichte.

Die Konsequenz: Gott als Wirklichkeit kommt im Theologiestudium nicht vor; es wäre unwissenschaftlich, ihn als Realität ins Spiel zu bringen; eine Auseinandersetzung mit dem alles beherrschenden methodischen Atheismus des modernen Wissenschaftsbegriffs passiert nicht. Ist das Resultat einer „Gott-freien" Theologie nicht konsequenterweise eine Kirche, der kaum etwas anderes bleibt als „Gschaftlhuberei"[18]? Theologie löckt nicht wider den Stachel, wie es ihre Aufgabe wäre. Aber allein die Wahrnehmung dieser Aufgabe kann – so noch mit Recht Karl Barth[19] – ihre Existenz im Rahmen der *universitas litterarum* rechtfertigen.

In der Folge zerfällt vielen das theologische Studium und dann das Vikariat und die pfarramtliche Praxis in zwei unsägliche Teile: zunächst eine Theologie weitgehend ohne Kirche(nbezug) und schließlich eine Kirche (oder kirchliche Praxis) ohne Kraft oder Zeit für Theologie.

10. Die Kirche hat keine Zukunft, weil sie nicht mehr weiß, wer sie ist, und weil sie scheut und zutiefst ablehnt, was sie ist.

Genau deshalb kann sie zum Gemischtwarenladen werden, der keine Identität mehr besitzt. Statt Profil zu zeigen, ist sie – im verzweifelten Bemühen, Relevanz für viele/alle zu gewinnen – nur noch pro viel, für das Viele und vielerlei. Um es noch einmal mit dem postmateriell perhorreszierten Marketing-Sprech auszudrücken: „Alle" ist keine Zielgruppe.[20] Allen alles recht getan, ist eine Kunst, die niemand kann und bei der man am Ende mit Sicherheit beides verliert: Identität und Relevanz.

„Alle" ist keine Zielgruppe.

Kirche weiß nicht mehr, wer sie ist und folgt unterschiedlichsten Identitäts- und Relevanzverlockungen, weil sie vergessen hat, wer sie ist.

Es ist der postmoderne italienische Philosoph Giorgio Agamben, der den Kirchen in seinem „Kommentar zum Römerbrief" den messianischen Zeitbegriff in Erinnerung ruft, der für die Kirche kennzeichnend ist. Zwischen der Auferstehung und dem apokalyptischen Ende ist sie nicht einfach chronologisch ablaufende, sondern qualifizierte Zeit: „Sie ist [...] die operative Zeit, die in der chronologischen Zeit drängt, die diese im Innern bearbeitet und verwandelt, die Zeit, die wir benötigen, um die Zeit zu beenden – in diesem Sinne: die *Zeit, die uns bleibt.*“[21] Sie ist die „messianische Zeit“, *„die Zeit, die die Zeit benötigt, um zu Ende zu gehen“*[22]. Das definiert den Modus kirchlicher Existenz. Kirche lebt in der Zeit, die ihr – noch – bleibt, aber nicht in anhaltend verlaufender, kontinuierlicher, immer bleibender Zeit. Der hier von Agamben vertretene apokalyptische Zeitbegriff begründet zuallererst Kirche und ihre spezielle Geschichte.

Sie ist Kirche im apokalyptisch-eschatologischen Horizont. Seine Koordinaten geben ihr eine messianische Qualität, die wiederum ihre unverwechselbare Identität ausmacht, eine Identität, die sie sich nicht leihen muss, sondern die ihr ureigen ist.

Kirche ist eingespannt zwischen Ankunft und Wiederkunft Christi. Schon Teil der neuen und noch Teil der alten Welt lebt sie bis zum Zerreißen aufgespannt zwischen altem und neuen Äon, ohne Möglichkeit sich zu etablieren, noch im Jetzt und zugleich im Noch Nicht, nicht in bleibender Zeit, sondern im Medium der Zeit, die ihr – noch – bleibt.

Resultat ist die Erfahrung: Alle, die gottesfürchtig leben wollen in Christus Jesus, werden verfolgt werden (2Tim 3,12). Der Martys geht ins Martyrium. Die Offenbarung des Johannes offenbart das Schicksal der beiden Zeugen, die für das Volk Gottes aus dem Alten und Neuen Testament stehen: Sie werden von dem apokalyptischen Tier aus dem Abgrund überwunden werden (11,7; 13,7). Kirche hat im Letzten keine Zukunft, weil sie die apokalyptische Existenz scheut und das Zeuge-Sein, das notwendig ins Leiden führt, abwehrt.

An seine Stelle tritt die Suche nach geliehener sozialer, politischer und kultureller Relevanz, nach der Anerkennung der Eliten, die einem zusichern, dass man systemrelevant ist und etwas zu sagen hat.

11. Die Kirche hat keine Zukunft, weil sie selbstsicher im Bewusstsein lebt, sie besitze eine Ewigkeitsgarantie.

Die über 1½ Jahrtausende anhaltende, immer wieder modifizierte, aber lange Zeit stabile Amalgamierung von Staat und Kirche, Gesellschaft und Religion, das oft vorschnell angekündigte und dann doch noch nicht eingetretene Ende der Volkskirche und schließlich die „göttliche" Bestandsgarantie nach Matthäus 16,18, „und die Pforten des Hades werden die ecclesia nicht überwinden", haben zu einer trügerischen Sicherheit und anmaßenden Bestandserwartung geführt. „Ich kenne deine Werke, dass du weder kalt noch heiß bist. Ach, dass du kalt oder heiß wärest! Also, weil du lau bist und weder heiß noch kalt, werde ich dich ausspeien aus meinem Munde" (Offb 2,5). Wie viele empirische Kirchen und Bewegungen in der Geschichte der Kirche sind aber bereits untergegangen und hatten keinen Bestand? Und muss man nicht – ebenfalls unter Bezug auf ein Herrenwort – damit rechnen, dass der auferstandene und erhöhte Herr einer Kirche den „Leuchter" selber hinwegnimmt, wenn sie nicht umkehrt? Führt ein weitverbreitetes Missverständnis von CA VII nicht zu einer toxischen Verwechslung bzw. Identifikation von Kirche Jesu Christi und historischen Kirchentümern?

Das Verharren im Istzustand bedeutet die garantierte Marginalisierung.

Nicht die Schrumpfung der Kirchenmitglieder um ein Drittel innerhalb von 10 Jahren; nicht der Rekordaustritt von mehr als einer halben Million Kirchenmitgliedern allein in 2019, nicht der bis 2060 prognostizierte Rückgang sind letztlich das Problem. Kirche hätte zu jeder Zeit die Möglichkeit aufzubrechen. Aber sie tut es nicht. Wird sie es tun? Sie hat keine Zukunft, weil sie den Ernst der Lage nicht erkennt; weil sie nicht ernst macht mit ihrer

Situation; weil sie – ich erinnere noch einmal an den Frosch im immer heißer werdenden Wasser – lieber verharrt im Weiter-So, statt aufzubrechen, sich zu riskieren, wo sie bei Licht besehen gar kein Risiko mehr eingeht, weil das Verharren im Istzustand die garantierte Marginalisierung bedeutet.

12. Die Kirche hat keine Zukunft, weil sie ihre Zukunftsfähigkeit verspielt, indem sie ihre Ressourcen für deren Reflexion aufbraucht.

Wenn nur 10% dieser Provokationen stimmen, wenn man nicht alles in dieser Zusammenschau als pauschalisierend, ungerecht und unfair zurückweisen kann, wäre der Zustand der Kirche schon schlimm genug und Anlass genug, sofort und radikal die Dinge zu ändern.

Im Sinne der von Ernst Bloch getroffenen Unterscheidung zwischen biblischer und griechischer Prophetie darf man vorhersagen und ansagen: Die Rezeption auch dieses Beitrages wird sich – dem postmateriellen Mindset entsprechend – vielfach und verbreitet auf Reflexion beschränken: auf Kritik an Pauschalisierungen, auf Hinweis auf Ausnahmen; auf relativierende Belege, es sei doch nicht (ganz) so schlimm. Genau damit würde aber dann der Befund einer entwickelten Veränderungsresistenz bestätigt.

Es braucht ein Aufsprengen der Milieubefangenheit protestantischer Funktionseliten. Debattiert wird in ihnen ja bereits Jahrzehnte über die Zukunft von Kirche. Genau diese Debatten um die Zukunftsfähigkeit der Kirche nehmen ihr aber die Energien, die sie braucht, um Zukunft zu gewinnen. Solche Debatten sind der milieuspezifische Stil protestantischer Eliten, mit Herausforderungen umzugehen. Gerade hier zeigt sich freilich einerseits die Milieuverengung des Leitungspersonals und ande-

Debatten und Diskurse: Der milieuspezifische Stil protestantischer Eliten, mit Herausforderungen umzugehen.

rerseits, wie verhängnisvoll es ist, wenn dieses die Milieuverengung mit den ihr eigenen, nur begrenzten Lösungsressourcen perpetuiert. Gabenvielfalt wäre nötig. Liberal-Intellektuelle sollen analysieren, Sozial-Ökologische müssen kritisieren, Traditionsorientierte sollen beten, aber es braucht auch die Performer, die in Bewegung bringen, „machen" und dafür sorgen, dass die Expeditiven ihre Kreativität und ihre Initiative einbringen können. Gabenvielfalt unter Milieuperspektive!

Kapitel 2

Perspektiven

Wie eine schwache Kirche wieder Zukunft gewinnen kann[23]

Wer verändern will, muss auf der transzendentalen Ebene ansetzen: Was sind die Bedingungen der Möglichkeit von Veränderung? Vielfach wird ja die Notwendigkeit von Veränderung eingesehen, aber es fehlt die Perspektive, der Blick dafür, wie es gehen könnte, und es fehlt der Mut.

Wir fragen zunächst: Welchen Habitus braucht es für grundlegende Veränderungen? Welche Einstellungen tragen durch, auch gegen Widerstände und gegen die Beharrungskraft der System-Logiken?

Wir fragen dann: Wie können wir Logiken ändern, anstatt Systeme anzupassen, und wir schauen dann nach konkreten Alternativen.

Gegen die vielfältigen Faktoren, die den Aufbruch behindern, setzen wir einen dezidiert theologischen Rahmen. Er eröffnet Perspektiven, die Änderungen ermöglichen.

1. Gott setzt auf das Schwache.

Ist ein Glas Wasser halb voll oder halb leer? Ist es schon zu einem Viertel voll oder ist es nur noch zu 25% gefüllt? Auf das Framing kommt es an. Theologie und Kirche müssen nicht auf die Kraft positiven Denkens setzen. Auch diese kann sich erschöpfen und schließlich uns erschöpfen, wenn unsere allerletzten Reserven verbraucht sind. Auch geht es ja nicht darum, wirklichkeitsfern die kritische Analyse einfach zu vergessen. Es gilt vielmehr die faktisch gegebenen und kaum bestrittenen Schwächen der Kirche in einen neuen Rahmen zu rücken und sie, genau sie als Chance, Möglichkeiten, Perspektiven zu entdecken. Dafür braucht es eine theologische Logik, die die biblischen Verheißungs- und Hoffnungsgeschichten ernst nimmt und genau mit dem Gott rechnet, der uns in ihnen begegnet. Die schwierige, komplexe, notvolle, aporetische und ausweglose Realität wird in ihnen nicht negiert, nicht bestritten, nicht verdrängt, nicht verschönt; sie wird auch nicht nur interpretiert. Sie wird in einen umfassenderen Rahmen gesetzt, der eine Schau eröffnet, die in der Kirche wiederum neue Kräfte und Hoffnungen freisetzt, weil sie sich nicht mehr auf die eigenen Möglichkeiten verlässt. Obwohl von Feinden umzingelt, wird ihr der Blick dafür geöffnet, dass die umgebenden Bataillone Gottes noch viel größer sind (vgl. 2Kön 6,14ff). Obwohl sie nur fünf Brote und drei Fische hat, darf sie die Herrlichkeit Gottes entdecken, wo sie beginnt, diese im Namen Gottes auszuteilen, und damit Tausende Menschen satt macht. Wenn sie auch durch Unglück und Unfähigkeit finanziell völlig gegen die Wand fährt, darf sie entdecken, wie genau dieser Kollaps zum Reset und Neustart einer missionarisch lebendigen Kirche wird. Der bekannteste und vermutlich wichtigste Verkündiger der Christenheit ist in seinem apostolischen Dienst behindert, vermutlich durch einen Sprachfehler, der ihm viel Spott einbringt. Paulus bringt die theologische Logik, das Grundgesetz des Handelns Gottes, das er am eigenen Leib erfährt, auf den Punkt, wenn er dafür das Wort des Erhöhten zitiert: „Meine Gnade genügt dir, denn meine Kraft kommt in Schwachheit in Vollendung“ (2Kor 12,9).

Die biblischen Verheißungs- und Hoffnungsgeschichten öffnen für eine andere Wirklichkeit

Diese theologische Logik ist riskant. Mit ihr verlässt sich die Kirche auf Möglichkeiten, die sie nicht hat; sie hofft auf eine Realität, die ihr nicht einfach verfügbar ist und die sich der Machbarkeitslogik entzieht. Die resultierende Ekklesiologie ist zutiefst „unbefriedigend". Sie ist nicht *in sich* schlüssig, weist vielmehr über sich hinaus auf eine Realität, über die sie zwar nicht verfügen kann, die aber andererseits allein vernünftig und richtig, weil adäquat ist. Aber gerade so ist diese Ekklesiologie wahr: Die Kirche weist in ihrem defizitären Zustand auf Gottes Wirklichkeit und seine Möglichkeiten hin. Sie fragt nach der Herrlichkeit Gottes, die sich unter genau ihren Umständen manifestieren will – wenn sie es denn zulässt und auf sie setzt. Es ist kein verdrehter Masochismus, wenn Paulus völlig konsequent folgert: „Sehr gerne will ich mich nun vielmehr meiner Schwachheiten rühmen, damit (!) die Kraft Christi bei mir wohne. Deshalb habe ich Wohlgefallen an Schwachheiten, an Misshandlungen, an Nöten, an Verfolgungen, an Ängsten um Christi willen. Denn wenn ich schwach bin, dann bin ich stark" (12,9f). Das ist paradox: Gerade da, wo wir danach trachten, stark, fähig und kompetent zu sein, stehen wir dem Wirken Gottes oft am meisten im Wege. Gerade da, wo wir zu unseren Schwächen und unserer Erfolglosigkeit stehen, kann der lebendige Gott zum Zuge kommen.

Hier ist einer schwachen, defizitären, durch ihre Schwierigkeiten und Verluste gebeutelten Kirche der Weg gewiesen. Es geht um drei Schritte:

1. Erkennen, was ist; auf Beschönigung verzichten: der „Stachel" ist da;
2. die eigene Erschöpfung einsehen und nicht mehr auf die eigenen Möglichkeiten setzen; unsere Anstrengungen, ihn herauszuziehen, sind vergeblich;
3. genau die eigenen Defizite zu Möglichkeiten Gottes werden lassen, die eigenen Leerstellen und Leer-Räume Gott zur Verfügung stellen; nicht eine aporetische Situation und Konstellation festhalten, sondern öffnen.

2. Die Kirche hat Zukunft – um ihrer Schwäche willen.

Wir dürfen die gegenwärtige Gestalt unserer Kirche im weiteren Horizont der Geschichte der Gesamtkirche sehen. Da entdecken wir, was auch für uns heute gilt und was die Grundlage alles dessen ist, was sonst noch zu überlegen sein wird: Kirche hat Zukunft,

- weil Gott in ihr drin ist. Sie hat Zukunft nicht wegen uns und unserem Tun oder Nicht-Tun, sondern weil Gott in ihr drin ist.
- weil Menschen Gott suchen – und finden! – Manchmal wegen, manchmal trotz unserer fehlenden oder vorhandenen Angebote.
- weil Gott sich seine Kirche baut; weil sie *creatura verbi* ist. Wir sehen in der Kirchengeschichte, wie immer neue Gestalten von Kirche entstehen; wie es immer neu Aufbrüche und Bewegungen gibt, die den Bedürfnissen der verlorenen Menschen abhelfen und ihnen „entgegen"-kommen.
- weil Gott gar keine andere Chance hat, als durch menschliche Fehler, Irrtümer, Irrwege und Umwege zum Ziel zu kommen. Und – Gott sei Dank! – nimmt er diese Chance auch immer neu wahr.
- weil selbst wir Kirche nicht kaputt kriegen können. So fest dieser Satz steht (vgl. Mt 16,18), so wichtig ist es freilich, ihn präzise zu bestimmen. Er bedeutet keine Bestandsgarantie für die geschichtlich auftretenden und wegtretenden Gestalten von Kirchen, sprich Kirchentümer. Er gilt für die Wolke der Zeugen in und durch alle Zeiten. Von den Kirchen der ersten Jahrhunderte bestehen heute die allermeisten nicht mehr. Dementsprechend gilt unsere letzte Loyalität der von Jesus Christus herausgerufenen *ekklesia*, nicht einer bestimmten, geschichtlich gewordenen und immer überholbaren Gestalt von Kirche. Kirche und Kirchentümer sind grundsätzlich zu unterscheiden. Auch wenn

letztere Gefäße des Segens und Gestalten des Handelns Gottes sein können, so sind und bleiben sie doch „irdene Gefäße" (2Kor 4,7).

- weil die Kirche soziokulturelle Grenzen überwindet. Die Kirche hat Zukunft, weil sie ihren Bestand in dem Gott hat, der immer neu Kulturen erschließt und gemäß missionsgeschichtlicher Wahrnehmung schon da ist, bevor der Missionar kommt. Die weltweite Kirche zeichnet sich durch eine nahezu unüberschaubare Fülle von Inkulturationen und Kontextualisierungen des Evangeliums, mit der Gott vorhandene kulturelle Grenzen überschreitet aus – angefangen mit dem Übersetzen nach Europa (vgl. Apg 16,9).
- weil ihr das *corpus permixtum* und das *simul justus et peccator* eben nicht nur zur Legitimation bestehender Missstände dienen, sondern beobachtbar immer neu zum Anlass einer *ecclesia semper reformanda* werden.
- weil sie so demütige Kirche ist: selbstkritisch und bereit, sich korrigieren und verändern und vom Evangelium neu umgestalten oder gar schaffen zu lassen. Sie beharrt nicht auf dem, was sie ist. Sie behauptet sich nicht selbst. Wenn sie ihre Geschichte und Gestalt sieht, vergeht ihr das. Sie nimmt ihre Zuflucht zu Christus und bittet ihn um Veränderung.

3. Theologische Logik als Entlastungslogik: Verzichtserklärungen

Die schwache Kirche lernt das Loslassen. Der normale Impuls ist ja umgekehrt: festhalten, was man noch hat; sich klammern an das, was noch funktioniert. Wenn unsere Verlegenheiten zu Gottes Gelegenheiten werden sollen, dürfen wir loslassen, preisgeben, Fixierungen auflösen, die unsere Ressourcen binden.

Wir dürfen verzichten auf einen morphologischen ebenso wie auf einen theologischen Fundamentalismus. Beides garantiert ja den Bestand der Kirche nicht, weil niemand einen anderen Grund legen kann außer dem, der gelegt ist, welcher ist Jesus Christus (1Kor 3,11); wir sind darauf angewiesen, dass er sichtbar wird. Machen können wir das nicht.

- *Wir dürfen verzichten* auf die so lieb gewordene Verankerung im schrumpfenden und immer älter werdenden Nostalgisch-Bürgerlichen Milieu; wir dürfen die Fixierung auf eine kleinbürgerliche Lebenswelt preisgeben, die kirchengemeindliches Leben ebenso stark bestimmt, wie sie im Abnehmen und Verschwinden begriffen ist; wir dürfen entdecken, wie wichtig Christus für Menschen wird, die die Kirche bisher mit unbeweglicher Tradition identifizierten.
- *Wir dürfen verzichten* auf Monopole, Privilegien und Positionen; wir dürfen Ubiquitätsansprüche loslassen und die zu schwer gewordene Konstantinische Rüstung, wie David den Panzer Sauls, einfach stehen lassen; wir müssen kein anerkannter Partner des Staates mehr sein, kein angesehener Player in der Gesellschaft. Wir müssen nicht zur postmateriellen Speerspitze der Zivilgesellschaft gehören.
- *Wir dürfen verzichten* auf – scheinbar – starke dogmatische Positionen und ethische Proklamationen; auf Bekenntniszuspitzungen, mit denen wir genauso zu spät kommen wie mit EKD-Texten, die bereits in den Leitmedien Publiziertes nachträglich verdoppeln.
- *Wir dürfen verzichten* auf Immobilienbestände, die unsere finanziellen und personellen Ressourcen aufzehren und entdecken, wie gut es sich mit leichtem Gepäck lebt.

4. Ressourcen heben und gewinnen

Ungeahnte Kräfte wachsen uns zu, wenn wir entdecken: Wir gewinnen

- Kraft durch Anerkennung der Leistung von Menschen: Wir dürfen in Dank gegen Gott bewusst wahrnehmen und aussprechen, was Gott durch Menschen in unserer Kirche tut, bewirkt und „leistet". Wie viel passiert da weitgehend unbemerkt, im Verborgenen! Anerkennung kostet nichts, außer der Wahrnehmung und Würdigung des anderen und seiner Gaben wie Anstrengungen. Was wird das für eine attraktive, gesuchte und besuchte Kirche sein und wie motiviert werden Menschen in einer Kirche mitwirken, in der eine Kultur der Anerkennung immer mehr an Boden gewinnt!
- Kraft durch Staunen über das, was beispielhaft gelingt. Die analytische Expertise ist wertvoll, aber sie steckt nicht an. Es braucht die leuchtenden Augen. Inspirieren durch Infizieren durch Affizieren! Es braucht das gelungene Beispiel oder auch nur den Versuch, von dem wir fasziniert erzählen; der zeigt: So kann es gehen. Es braucht die Messen und Märkte, die Begegnungsmöglichkeiten, durch die wir Mut bekommen. Was wird das für eine begeisterte und begeisternde Kirche sein, in der Menschen aus dem Häuschen geraten, weil sie sehen, was sich mit Gottes Hilfe für Horizonte eröffnen!
- Kraft durch Träumen von Gottes Zukunft: Wir blicken auf das, was werden kann; wir fixieren uns nicht auf das, was nicht oder schlecht läuft. Wir verbrauchen unsere Ressourcen nicht durch mühselige Reparaturen, die unsere Kraft erschöpfen. Wir gestehen einander das Träumen zu (vgl. Ps 126). Wir denken nicht von unseren Defiziten und Problemen her. Wir gehen von dem aus, was Gott schenken und durch uns erreichen kann. Was wird das für eine vitale Kirche sein, in der nicht mehr nur die Bewahrer und Analytiker dominieren, sondern auch Performer und innovative Kreative Raum haben und ihre Gaben einbringen!

- Kraft durch gemeinsames Aufbrechen: Wir suchen nach denen, die Verbündete sein können; mit denen wir zusammen ein Ziel erreichen können. Wir suchen und finden sie auch jenseits soziokultureller Barrieren und über theologische Differenzen hinweg. Wie stark wird eine Kirche sein, in der die gemeinsame Loyalität gegenüber dem Herrn der Kirche – Jesus Christus – ganz unterschiedliche Menschen zusammenführt und ihre Kräfte bündelt!

Gemeinsam aufbrechen

- Kraft durch Fehlerfreundlichkeit: In der evolutionären Entwicklung erweist sich Fehlerfreundlichkeit als ein zentraler Treiber. Ein fehlerfreundliches System „verzeiht" Fehler. Weil Fehler es nicht zum Absturz bringen, muss es sie nicht fürchten. So kombiniert es das Bedürfnis nach Sicherheit und nach Innovation bzw. Anpassung. Nur durch Fehlerfreundlichkeit verhindern wir eine Verteidigungshaltung, die im Endeffekt lähmt und Innovationen verhindert. Wie fortschrittlich, attraktiv und anpassungsfähig wird eine Kirche sein, in der man Neues ausprobieren und dabei auch scheitern darf; in der Menschen, die etwas Neues versuchen, nicht misstrauisch beäugt, sondern ermutigend begleitet werden, wenn sie sich etwas trauen! Wie anziehend, wie zukunftsfähig und problemlösungsstark wird die Kirche sein, in der eine Haltung der Offenheit herrscht und in der nicht die Notwendigkeit zur Absicherung und Beherrschung aller Eventualitäten dominiert!

5. Bewusst Minderheitenkirche werden

Auch und gerade diese schwache Kirche steht unter der Verheißung, wenn sie ihre Lage richtig zu deuten und zu nutzen weiß.

- Schrumpfende Kirche: Eine schwach gewordene Kirche tritt als Minderheitenkirche in einer pluralistischen Situation in die urchristliche und frühchristliche Konstellation ein, in der sie ihrerseits eine beispiellose Blüte erlebt hat. Wenn die Kirche die Pastoralmacht (Michel Foucault) wieder verliert, die sie mit staatlicher Unterstützung und durch die Legitimation des Staates über 1600 Jahre gewonnen hat, dann bedeutet das einen Paradigmenwechsel, der in seinen Auswirkungen kaum zu überschätzen ist. Will sie diesen Wechsel nicht nur ertragen und erleiden, braucht es mehr als eine Reformation, es bietet sich die Chance, umzukehren und zu einem ursprünglichen Christentum zurückzukehren. Christlicher Glaube und christliche Kirche leben nicht davon, dass sie dominierende Weltanschauungen und Institutionen darstellen. Sie zeigen ihre Kraft gerade in der Konkurrenz, unter Druck. Der geistliche Grund dafür liegt darin, dass sich eine schwache Kirche nicht auf ihre weltlichen Ressourcen stützt, ihre Mitgliederzahl, ihre gesellschaftlich beherrschende Stellung, ihre finanziellen Mittel, sondern sich auf den besinnt, der sie alleine erhalten kann.

- *Die Chance des Neubeginns:* Die Situation einer weitgehenden Unkenntnis und Indifferenz gerade in den dynamischen und jüngeren Bevölkerungsanteilen ist geradezu ein Reset-Knopf für die Kirchen – und das bedeutet eine ungeheure Chance. Immer weniger belastet und aufgehalten durch den allzu schweren Rucksack des Kulturtransportes abendländischen Erbes kann sich eine schwach und einflusslos gewordene Kirche als für die meisten unbeschriebenes Blatt neu beschreiben. In einer durch Traditionsabbruch und Entfremdung gekennzeichneten Gesellschaft muss eine schwache Kirche neu erklären und darf neu plausibilisieren, was christlicher Glaube ist. Das anstehende und in den eigenen Reihen beginnende Programm einer Alphabetisierung des Glaubens verlangt von ihr, die eigenen Überzeugungen, lehrmäßiger, ethischer, lebensweltlicher Art neu durchzubuchstabieren; Worte, ggf. auch ganz neue Worte zu finden, um den eigenen Glauben zu erklären; neue lebensweltliche Gestalten zu bilden, um zu versinnbildlichen, was christlicher Glaube heute heißt. Es gilt ganz neu herauszufinden, wie die Imperative des biblischen Wortes auf die lebensweltlichen Konstellationen bezogen und in ihnen wirksam werden können. Diese Prozesse eines Aufbruchs bergen unheimliche Chancen der Dynamisierung christlichen Glaubens in sich.

- *Neubesinnung auf das Proprium und den Unique selling point (USP)*: Krise ist auch Chance. Eine Kirche, die schrumpft, hat die Chance, sich ganz neu auf ihr Proprium zu besinnen und sich neu aufzustellen. Der notwendige Konzentrationsprozess hilft ihr, mit dem nötigen Druck, zu einer Fokussierung, die ihren *USP* deutlicher erkennen lässt. Er hilft ihr, abzuschneiden, was Allotria ist, weil es nicht zu ihrem Alleinstellungsmerkmal gehört; sich von dem zu verabschieden, was sich überlebt hat, aber nur mühsam sterben kann und Kräfte gebunden hat, die sie nun nicht mehr hat. Er hilft ihr umgekehrt aber ebenso, das zu stärken, was zukunftsfähig ist und was sich bewährt hat.

Ein Reset-Knopf für die Kirchen

- *Überzeugung statt Konvention*: Eine schwache Kirche kann die Verheißung entdecken, dass geringere Quantität umschlägt in höhere Qualität. Schon die letzte Kirchenmitgliedschaftsuntersuchung zeigte, dass sich unter den Kirchenmitgliedern eine Polarisierung anbahnt zwischen denen, die als Glieder in Halbdistanz nur eine geringe Affinität zu Glauben und Bindung an die Kirche zeigen, und solchen, die sich als engagierte Glieder Kirche und Glauben hoch verbunden wissen. Positiv ausgedrückt: In einer religiös pluralen Gesellschaft entscheiden sich zwar weniger Menschen für den christlichen Glauben und eine christliche Gemeinde; aber die, die es tun, tun es mit ungleich mehr Überzeugung. Was für ein Geschenk! Christlicher Glaube wird zu einer Sache der Überzeugung, nicht der Konvention! Hier wächst ein Potenzial, mit dem es noch ganz anders zu wuchern, ja das es zu fördern und zu entdecken gilt. Die kleine(re) Zahl ist nicht nur Not, sie ist Chance.
- Das faktische Ende von Volkskirche annehmen: Eine schwache Kirche steht zu ihrer Schwäche. Sie versucht nicht, mehr zu sein als sie ist. Sie

versucht nicht mehr, Volkskirche zu sein und alle zu umschließen. Sie realisiert, dass sie es an vielen Orten schon lange nicht mehr ist und über kurz oder lang – von Enklaven abgesehen – einen freikirchlichen Status mit freiwilligkeitskirchlichen Merkmalen haben wird. Eine aufbrechende Kirche wird sich nicht mit Hoffnungen trösten, die die notwendige Veränderung nur hinausschieben und im Endeffekt noch schwerer machen. Die Kirche darf nicht mehr den Eindruck erwecken, es könnte, wenn auch mit Einschränkungen, immer so weitergehen. Das beliebte Versatzstück „Wir haben schon vor 50 Jahren das Ende der Volkskirche angekündigt. Es gibt sie immer noch" steht dem notwendigen Wandel der Kirche im Wege und ist nicht hilfreich. Es gibt diese Volkskirche eben nicht mehr. Kirche ist eben nicht mehr dieselbe wie noch 1970, 1980 oder 1990. Das ist überhaupt keine Tragik. Wir müssen nur die Konsequenzen daraus ziehen.

- Die Kirche betreibt nicht Mission, um ihren Mitgliederschwund aufzuhalten. Auch wenn sie gerade Mission neu entdeckt, ist einer Instrumentalisierung der Mission zum Zweck religiöser Selbstbehauptung zu wehren. Die Kirche betreibt nicht Missionsarbeit, sie ist mit den ihr gegebenen Kräften Mission, in dem Maße, wie sie sich in die Mission des dreieinigen Gottes hineinstellt.

Nicht mehr versuchen, Volkskirche zu sein

- Sie setzt nicht mehr allein(!) auf das flächendeckende Netz und die institutionell geregelte pastorale Versorgung. Sie ist Kirche bei den Menschen, weil und insofern sich ihre Glieder auf die Menschen in ihrem sozialen Umfeld einlassen. Dafür rüstet sie zu. Dafür bereitet sie vor.
- Brief Christi sein (2Kor 3,2f): Sie setzt nicht auf die Anziehungskraft von großen Zahlen, die sie als wichtige Institution ausweist, nicht auf beeindruckende Gebäude und modern performte Veranstaltungen, sondern auf Menschen, in denen das Evangelium lebt und in deren alltäglichem Leben es Gestalt gewinnt: Ihr seid das Salz der Erde; ihr seid ein Tempel des Heiligen Geistes; ihr seid das Haus der lebendigen

Steine; ihr seid ein Brief Christi. Sie setzt vor allem auf Begegnung, Beziehungen, Konvivenz und Kondeszendenz in die Lebensverhältnisse der Menschen hinein, die noch kaum oder keine Berührung mit Christus hatten. Gerade so steht sie in der Nachfolge Christi, als Kirche, deren Rückgrat nicht mehr die Institution ist, sondern die gelebte Gemeinschaft – der lebendige Organismus. Sie hat am ehesten die Gestalt einer Raststätte, an der Menschen als Oase halten, um sich mit allem Notwendigen zu versorgen und an der man auf Menschen trifft, die – wie man selber – unterwegs sind und die bei der Orientierung und Lebensreise helfen können. Sie wächst (auch) in kleinen Zellen, wuchert in dynamischen Netzwerken, erschließt sich die flüchtigen Formate von Gemeinschaft, die eine hochmobile, Patchworkbiografien erzwingende Gesellschaft mit sich bringt.

- *Ökumenische Öffnung und Geschwisterlichkeit*: Schwache Kirche ist eine Gemeinschaft, die sich – schon aus Schwäche – ökumenisch öffnet. Sie sieht in Freikirchen und selbst in independenten Gemeindebewegungen nicht mehr Konkurrenten, sondern Geschwister und Verbündete. Sie entdeckt die Kraft des Con. Mit ihnen zusammen verfolgt sie in einer sich noch zunehmend mehr säkularisierenden und von ihren christlichen Wurzeln entfernenden Gesellschaft das gemeinsame Ziel, dem Evangelium von Jesus Christus Gestalt zu geben. Eine schwache Kirche begreift sich nicht mehr als „Platzhirsch“, dem die evangelischen Menschen offenbar naturgemäß „gehören“.

6. Den Ansehensverlust als Chance begreifen

Unübersehbar ist – vor allem für die älteren Generationen, die noch anderes erlebt haben – ein gesellschaftlicher Ansehensverlust, der eine Kirche empfindlich schwächt, die in der Mitte der Gesellschaft zu stehen sucht.

- Zuwendung zu nicht anerkannten Minderheiten: Der Bedeutungs- und damit verbundene Ansehensverlust hat eine ungemein entlastende, hilfreiche und theologisch relevante Kehrseite, die erkennen lässt, welche Potenziale mit genau dieser Situation verbunden sind:
  Eine Kirche, die wenig Reputation hat, kann sich – ohne Reputationsverlust befürchten zu müssen – Minderheiten annehmen, gegen die etablierte Leitungseliten Ekelschranken hochziehen.
- *Wider das System löcken dürfen*: Die Kirche darf zu einer Institution werden, die, gerade weil sie nicht mehr „systemrelevant" ist und ins System eingebunden werden muss, als freies Radikal auch wider das System löcken darf.
  Eine solche Kirche realisiert die Nachfolge dessen, der rief: Kommet her zu mir *alle*, die ihr mühselig und beladen seid (Mt 11,28).
  Sie riskiert es – reflektiert, seelsorgerlich formatiert und bis zum Schluss gesprächsbereit –, Mitglieder zu verlieren, wenn sie Mainstreampositionen nicht teilt bzw. verlässt. Sie muss nicht alle umfassen, aber ihre Aufgabe ist es, dem Menschensohn auf seinem Weg in die Tiefe zu folgen: zu den Elenden, Beleidigten, Entrechteten, den materiell wie mental Armen, den „Prekären" wie „Reaktiven".
- *Identität bilden in der Nachfolge*: Eine solche Kirche muss ihre Identität nicht mühsam theoretisch bestimmen, sondern bildet sie aus in der Nachfolge. Sie muss nicht gesellschaftlich relevant sein, weil sie einer eigenen Agenda aus eigenem Recht folgt, indem sie an der Mission des lebendigen Gottes teilhat. In einem Umfeld, in dem christliche Wurzeln zu rein historischen Beständen ohne Bindewirkung werden, wird das zunehmend aufwendiger, mühsamer und für das gesellschaftliche Umfeld ärgerlicher werden. Solche Prozesse kritischer Auseinandersetzung mit der paganen Umwelt haben christlichen Gemeinden immer geholfen, ihr Profil zu schärfen. Sie führen weltweit vielfach in die Verfolgung hinein. Sie machen eine Kirche unter Druck und im Konflikt dem ein wenig ähnlicher, von dem es im Gottesknechtslied

heißt: *Er hatte keine Gestalt und keine Pracht. Und als wir ihn sahen, da hatte er kein Aussehen, dass wir Gefallen an ihm gefunden hätten* (Jes 53,2).

- Sprachrohr der Sprachlosen sein: Sie verzichtet darauf, Anliegen zu vertreten, die ein breiter Mainstream unserer Gesellschaft sich bereits zu eigen gemacht hat. Sie konzentriert sich auf die Anliegen, Personen und Fragen, die in unserer Gesellschaft keine Lobby haben.

Sprachrohr derer sein, die keine Lobby haben.

  Das Spektrum reicht von unsichtbaren und vergessenen Menschen in prekären Lebensverhältnissen über Kirchenasyl für unrechtmäßig sich Aufhaltende bis hin zu Interpretationsversuchen für Rechtspopulisten, die aus dem Diskurs der Vernünftigen ausgeschieden sind.
- *Unabhängigkeit von Staat und Öffentlichkeit*: Sie setzt nicht auf den Konnex zum Staat und die Sichtbarkeit eigener Institutionen. Sie initiiert und organisiert Projekte, die aus der Mitte der Gemeinde heraus von engagierten Christen getragen werden. Sie buhlt nicht um öffentliche Aufmerksamkeit. Sie kommt *vor Ort* ins Gerede. Sie tut, was konkret dran ist. Sie wartet nicht auf Beifall und Subventionen.

  Sie hat nichts zu verstecken. Sie macht, im Detail und nicht bloß in zusammenfassenden Überschriften, transparent, wie sie ihr Geld verwendet, und sie stellt sich ggf. kritischen Rückfragen. Sie setzt Zeichen, die mehr als Zeichen sind. Unerwartete Mittel bei zu erwartender wirtschaftlicher Erholung steckt sie nicht in verschiedene ihrer Absicherung dienende Rücklagen. Sie investiert vorrangig nicht in Rücklagen, sondern in Menschen.

7. Kirche ohne Konstantinische Rüstung

- Loslassen können: Verheißung hat eine Kirche, die nicht festzuhalten sucht, was nötig scheint, sondern loslässt, was immer möglich ist. Wer loslässt, bekommt die Hände frei und kann anderes und Neues anpacken.
- Zukunft als Chance: Verheißung hat eine Kirche, die Zukunft nicht als Bedrohung begreift, sondern als Chance; die aufbricht wie der Glaubensvater Abraham (vgl. Hebr 11,8ff.17f), um die Verheißungen zu empfangen, die für sie bereit liegen.
- Entlastung von Schuld durch Eingeständnis von Fehlern: Verheißung hat eine Kirche, die umkehrt: administrativ, organisatorisch, mental, vor allem aber geistlich: die die Fehler ihrer Vergangenheit eingesteht und die Schuld bekennt, die sie in der Konstantinischen Ära auf sich geladen hat. Ohne anachronistisch zu werden und ahistorisch zu argumentieren, befreit es die Kirche, wenn sie bekennt: Es widerspricht dem Geist des Evangeliums, anderen Menschen christlichen Glauben als Zwang aufzuerlegen, ihnen ihr Denken, Handeln und Reden – mit staatlichen Sanktionen bewehrt – vorzuschreiben; sich zum moralischen Büttel und zur un-heiligen Legitimationsinstanz des Staates zu machen. Abschied von der Pastoralmacht der Kirche ist nicht Not, sondern Chance.
- Befreiung durch apostolischen Gestus: Verheißung hat eine Kirche, die den apostolischen Gestus einnimmt und in ihrer Armut ihres Grundes in Christus gewisser wird: „Ich habe gelernt, mich darin zu begnügen, worin ich bin. Sowohl erniedrigt zu sein, weiß ich, als auch Überfluss zu haben, weiß ich; in jedes und in alles bin ich eingeweiht, sowohl satt zu sein als auch zu hungern, sowohl Überfluss zu haben als auch Mangel zu leiden. Denn alles vermag ich in dem, der mich kräftigt" (Phil 4,11-13).
- Entlastung durch offene Kommunikation: Verheißung hat eine Kirche, die offen kommuniziert, was die Stunde geschlagen hat, was Kirche ist

und Kirchenmitgliedschaft in Zukunft bedeutet, und die die Chancen dieser Situation deutlich macht. Sie öffnet denen, die nur den Rückgang sehen, den Horizont. Sie stellt buchstäblich die Zukunft in Aussicht, die wir erwarten dürfen, wenn wir aufbrechen und uns nicht durch die Vergangenheit binden, ja lähmen lassen.

- Den zu groß und schwer gewordenen Konstantinischen Panzer ablegen – zur Avantgarde gesellschaftlicher Transformation werden: Verheißung hat eine Kirche, die die zu schwer gewordene Konstantinische Rüstung abwirft; die mit leichterem Gepäck mobil und flexibel auf die neue, sich ja immer weiter ändernde Situation reagieren kann; die im Effekt nicht mehr nur den Veränderungen kurzatmig hinterherläuft, sondern sich an die Spitze der Entwicklung setzt und aus der Kraft wie Kreativität christlichen Glaubens heraus wichtige Trends gesellschaftlicher Transformation setzt. Wer nicht mehr vorwiegend mit Systemerhaltung beschäftigt ist, kann die Trends der Zukunft setzen und Weichen stellen. Dass und wie das möglich ist, zeigen uns Personen mit einem digital-kosmopolitisch und gesellschaftsdistanziert eingestellten Mindset, von denen es in der evangelischen Kirche genügend hat.
- Gabenreichtum aktivieren: Verheißung hat eine Kirche, die den ihr geschenkten Gabenreichtum aktiviert und vor allem für ihre Eliten nicht nur auf liberal-intellektuelle Analyse und Reflexion baut, die sich nicht nur bewegen lässt durch die Impulse postmaterieller, emanzipativer Initiativen, sondern ebenso auch dem Gestaltungswillen von Performern Raum gibt, die wissen, wie man Ziele umsetzt. Sie weiß als ihre Speerspitze, durchaus auch als Stachel im Fleisch, die expeditive Avantgarde zu integrieren – Menschen, die sich ständig selbst zu überschreiten und neue Ufer zu erreichen suchen; die herausfordern, aber auch in Bewegung bringen. Auch unsere Kirche hat sie alle. Sie muss nur das deutliche Signal geben: Wir wollen euch und eure Gaben.
- Raus aus der Reformfalle! Reformation, nicht Reförmchen: Die Kirche darf nicht durch Reparaturen an Details und Korrekturen in Einzel-

fragen notwendige Veränderungen im Ganzen verhindern. Es reicht nicht das Abschneiden alter Zöpfe, die das Ganze dann etwas stromlinienförmiger macht; es reicht nicht, einzelne störende Elemente zu beseitigen, das überlebte System als solches dadurch aber in seiner Überlebensfähigkeit zu stabilisieren. Vor dieser seit Jahrzehnten betriebenen Reformfalle wird sich eine aufbrechende Kirche hüten.

- Krisenfeste Planungssicherheit gewinnen: Sie wird Planungen krisenfest machen und mit den notwendigen Zumutungen frühzeitig konfrontieren. Sie wird vermeiden, sich über Jahrzehnte mit scheibchenweise realisierten Kürzungsprogrammen selbst zu beschäftigen und die Gemeinden durch immer neue Pläne zu ermüden. Sie wird in der Gemeindearbeit wie in der Mitarbeiterschaft anhaltend klären, was es für eine Kirche auf allen Feldern bedeutet, sich zu depotenzieren, und welche Chancen in diesem Prozess liegen.
- Effizienter Mitteleinsatz – für alle: Sie wird sich um mehr Ressourcengerechtigkeit und um einen effizienteren Mitteleinsatz bemühen und diesen finanziellen Gesichtspunkt nutzen, um nicht mehr nur „Versorgungskirche“ zu sein, sondern auch Pionierkirche zu werden, die sich neue Lebenswelten erschließt. Sie wird die Hauptmasse ihrer finanziellen und Personalressourcen nicht zur Erhaltung einer Versorgungsstruktur einsetzen, die nur von einer kleinen Minderheit ihrer Glieder genutzt wird, und an der die große Mehrheit ihrer Mitglieder erkennbar kein Interesse hat.
- Transitionsphase I: Bypasse im System und am System vorbei: Sie wird Bypasse legen, wo die Traditionen, aber auch Bequemlichkeit oder die Trägheit des Systems Innovationen ausbremsen oder gar verhindern. Sie bahnt sich im System oder auch an ihm vorbei Um-Wege; sie bekämpft das System nicht – das wäre ja nur eine neue Form der Kraftvergeudung und kirchlicher Selbstbeschäftigung. Sie um-geht es buchstäblich. Sie fragt z. B. nicht mehr danach, welche oberkirchenrätlichen Regelungen unter welchen Bedingungen ein Hausabendmahl erlauben.

Sie feiert es einfach – wo, wie und wann es geboten ist. Sie wird Prozesse einleiten, die in der Transitionsphase eine Mischform möglich machen.

- Transitionsphase II: Parallel-Welten zulassen: Sie wird nicht darauf warten, bis eine oft veränderungsresistente Traditionskirche – aller Wahrscheinlichkeit nach zu spät – neue Regeln und Spielräume erschließt, sondern inmitten des Bestehenden lebensweltorientierte Kirchen bauen und Kirche für noch einmal ganz andere Menschen sein. Sie schafft Fakten und Strukturen, ohne lange zu fragen. Sie sucht den Konsens innerhalb der verfassten Organe, aber sie lässt sich nicht entmutigen, wenn sie in diesen nur eine Randgeltung erhält. Sie bricht auf und baut inmitten des herkömmlichen Kirchentums eine andere Kirche, die Geltung gewinnt durch das, was sie darstellt und für die Gesamtkirche bedeutet. Sie versteht sich als Teil eines umfassenderen Kirchentums, das sie durch die eigenen Impulse ebenso befruchten will, wie sie dankbar ist, wenn sie von ihm gefördert wird. Aber sie ist so unabhängig, dass sie sich von der Anerkennung der Kirchenleitung nicht abhängig macht. Sie entgeht der Sehnsucht nach den Fleischtöpfen Ägyptens, so verführerisch diese auch sind und sosehr man meint, ein Recht auf sie zu haben. Sie kann glaubwürdig versichern, dass sie ihre Ziele ggf. auch in einer separierten Gestalt verfolgen kann.

Im System oder auch an ihm vorbei: Um-Wege bahnen

- Transitionsphase III: Logiken umkehren: Sie wird systemtheoretische wie juristische Betrachtungsweisen nicht beseitigen können, ihnen aber regulativ ihre beherrschende Bedeutung nehmen. Sie wird sich nicht beherrschen lassen durch die oftmals alles beherrschende Frage: Erlauben das unsere Regeln? Sie wird sich nicht lähmen lassen durch die ausgesprochene (oder schlimmer noch: unausgesprochene) Schere im Kopf: Passt das ins System? Welchen Spielraum bieten die kirchlichen Erlasse und Regeln? Sie wird das Präjudiz umkehren und vielmehr umgekehrt fragen: Was von dem, was früher galt, kann auch in der Zukunft noch hilfreich sein? Was ist Ballast, der behindert und aufhält?

- Vorrang für die Aufbruchslogik: Sie wird kritisch und offensiv fragen und infrage stellen: Welche Systemlogiken stehen hinter den einzelnen kirchlichen Konstrukten? Sie wird ihnen gegenüber theologisch eine andere Logik zur Geltung bringen. Sie wird wechseln aus einer Logik der Versorgung in eine Logik der Mündigkeit und Selbstständigkeit. Sie wird der Kontroll-Logik mit ihrer Sicherheitsorientierung eine Aufbruchslogik entgegensetzen: Wohin wollen und müssen wir und wie setzen wir unsere Kräfte dafür ein?

Was ist Ballast, der behindert und aufhält?

- Nicht fehlerfrei, aber fehlerfreundlich: Sie wird dafür ein nicht fehlerfreies, aber fehlerfreundliches Umfeld schaffen; in dem man sich nicht mehr verteidigen muss; in dem man nicht aus einer Kräfte zehrenden Defensivhaltung heraus agiert; in dem man sich eher rechtfertigen muss, wenn man wie der „faule Knecht“ (Mt 25,24ff) nichts riskiert, sondern „auf Nummer sicher“ gegangen ist und „alles seine Ordnung hat“; in dem man anerkannt wird, wenn man etwas ausprobiert und versucht hat – auch dann, wenn's schiefgegangen ist.
- Ins Gelingen verliebt: Sie wird die Erfahrung der Selbstwirksamkeit und Eigenwirksamkeit stärken. Sie weiß: Gelingende Projekte sind gewinnende Projekte. Sie wird Menschen sammeln und ihre Kräfte bündeln, die andere durch ihre Aufbruchs-Erzählungen und -erfahrungen affizieren, infizieren und inspirieren.
- Narrative Kultur: Sie brodelt von Messen und Marktplätzen, Trading-Zones und Foren, wo Menschen sich erzählen, was geht und was läuft – und auch, was nicht; wo ganz unterschiedliche Professionen mit ihren Perspektiven, Kompetenzen und Erfahrungen aufeinandertreffen, sich austauschen und als geniale Ergänzung entdecken.
- Das Kriterium, das gilt: Sie wird nicht auf kirchenrechtliche Legalität setzen, sondern ihre Legitimation daraus beziehen, dass sie überschau-

bares, ansehbares Heil-Land ist, in dem Menschen auf sehr unterschiedliche Weise Heimat und Zuflucht, Lebenshilfe finden.

- Freiräume für Pioniere, Performer, Entrepreneure: Sie wird sich für neue und andere Berufe öffnen. Sie beschäftigt Erhalter, Versorger und Seelsorger ebenso wie Gemeindegründer und Entrepreneure, Performer und Pioniere. Sie sammelt Menschen, die in der Lage sind, im Neuland anzufangen, in der Neubausiedlung Gemeinde in nuce zu bauen, auch da, wo es noch keine kirchliche Struktur gibt; die in Lebenswelten hineinkommen, die nicht kirchengemeindenah sind; die als Pioniere neue Räume für neue Ausdrucksformen von christlichem Glauben kreieren bzw. erschließen. So gewinnt Kirche auch Anziehungskraft für Menschen, die ihr bisher eher museale Qualität bescheinigen. Sie wird sich gezielt um die Rekrutierung von Menschen mit der gift of non fitting (Jonny Baker) bemühen, um Menschen also, die nicht ins System passen, die aufbrechen und neue Sozialgestalten von Kirche schaffen. Sie bemüht sich gezielt darum, ihren Nachwuchs nicht nur aus Elternhäusern mit postmateriellem Hintergrund zu rekrutieren. Eine solche aufbrechende Kirche fordert eine neue theologische Ausbildung, mindestens aber ergänzende Inhalte für die bisherige.
- Evangelisch prägen wollen: Qualität vor Quantität: Sie wird auf eine möglichst breite, quantitativ orientierte Präsenz verzichten. Nicht mehr die Zahl der Kindertagesstätten in evangelischer Trägerschaft in einer Kommune ist dann entscheidend, sondern die Frage: Wie viele Kitas mit wie viel Gruppen können wir evangelisch prägen, sodass Menschen an ihnen ablesen und in ihnen erfahren können, was Evangelium ist und was es heißt, aus einem praktizierten Glauben zu leben? Knapper werdende Mittel regen sie dazu an, nicht flächendeckend präsent sein zu wollen, sondern Leuchtturmprojekte zu favorisieren, exemplarische Vorhaben umzusetzen, an denen man etwas davon ablesen kann, was es heißt, jeden einzelnen Menschen als von Gott geliebtes Ebenbild Gottes zu verstehen. Sie konzentriert sich dabei auf diakonische Felder, die

von anderen Trägern noch nicht in der Breite gepflügt werden, auf denen aber eine besondere soziale Not und Herausforderung erkennbar ist. Entsprechende Initiativen kann sie anregen und unterstützen, weil sie ihren Mitteleinsatz fokussiert.

- Immo I: lieber in Menschen investieren, als in Immobilien: Sie kommuniziert und realisiert, dass sie nicht reich an Steinen, sondern an Menschen sein möchte. Wenn gilt: Räume prägen Menschen und Menschen prägen Räume, dann sind ihr Räume für die Begegnungen mit Menschen nach wie vor ungeheuer wichtig. Wo immer sie Immobilien sinnvoll und befriedigend nutzen kann und d. h. auch: Wo sich kirchliche Häuser finanziell tragen, da ist der erhebliche finanzielle und personelle Aufwand auch zu rechtfertigen. Wenn Kirche sich gastfreundlich zeigt und die Türen für andere Gruppen öffnet, strahlt sie ins soziale Umfeld aus und knüpft Beziehungen, über die das Evangelium laufen kann. Eine aufbrechende Kirche wird aber ganz neu bedenken, was für ungeheure Finanzmittel und Kraftressourcen Immobilien in Finanzierung und Erhalt binden. Immobilien machen immobil. Gerade auf dem Land gilt noch: In jeder Kirche, die steht, muss auch ein Gottesdienst stattfinden. Das kann eine Chance sein. Vielfach ist aber die Erfahrung, dass es unnötig Kräfte bindet und Erwartungen schürt, die nicht mehr zu erfüllen sind. Dann werden durch das Festhalten an der Immobilie Frustrationen verstärkt und die Konzentration auf das, was zukunftsträchtig ist, wird blockiert.
- Immo II: lieber mieten als besitzen: Die ihre Mittel vernünftig einsetzende Kirche wird prüfen, wo Immobilien den notwendigen Aufbruch aufhalten und blockieren. Sie realisiert: Räume kann man auch mieten und betriebswirtschaftlich ist mieten bisweilen und auf die Dauer meist günstiger als besitzen. Die aufbrechende Kirche verhängt darum einen Baustopp für neue Immobilien und versucht, wo immer möglich und sinnvoll, vorhandene abzustoßen. Sie nimmt sich ein Vorbild etwa an der reformierten Kirche in den Niederlanden. Diese besitzt keine Im-

mobilien mehr, sie mietet diese an. Das ist mit erheblichen Vorteilen verbunden. Sie bindet deutlich weniger Mittel für neue Gebäude und v. a. für ihren Erhalt; sie kann sich flexibel auf veränderte Verhältnisse einstellen. Sie kann mobil reagieren. Und vor allem: Sie setzt Mittel frei, die sie in Menschen investieren kann.

- Immo III: Die begrenzte Attraktivität von Vereinsheimen: Die aufbrechende Kirche realisiert, dass nur eine Minderheit der Kirchenmitglieder Interesse an Gemeindehäusern hat, die soziologisch gesehen die Funktion von Vereinsheimen besitzen. Entgegen einem weitverbreiteten kirchlichen Konsens sind sie nicht Mittelpunkt des Gemeindelebens, sondern Anziehungspunkte für 2-3 von 10 Milieus. Sie lernt aus der Lebensweltforschung, dass für viele Menschen kirchliche Gebäude Un-Orte sind. Sie macht die Einsicht stark, dass eine stundenweise Nutzung von Stein- oder Betonungetümen energetisch nicht zu verantworten ist. Sie versucht, Kulturdenkmale, bis auf erkennbar vitale Zentren mit geistlicher Ausstrahlung, abzustoßen und sie fordert, dass der Staat die Fürsorge für Baudenkmale finanziell selber tragen soll. Statt ein Gemeindehaus zu renovieren, schafft sie lieber projektbezogen eine halbe Diakonenstelle. Wo die Kirche noch eigene Immobilien betreibt, da öffnet sie sie für die Nutzung durch Gruppen aus der Zivilgesellschaft. Kirchliche Immobilien sind für eine kleine, immer weiter schrumpfende Minderheit noch Haftpunkte des Christlichen in unserer Gesellschaft. Die notwendige und vielerorts noch ausstehende Trauerarbeit kann hier zum Anlass werden, das Wesen der Kirche als wanderndes Gottesvolk zu profilieren und Kirche-Sein zu intensivieren.
- Alternative, lebensweltbezogene Adressierung: Eine in die unerschlossenen Lebenswelten aufbrechende Kirche wird nicht alles tun, um v. a. das immer dünner und fadenscheiniger werdende parochiale Netz zu erhalten, sie wird vielmehr verstärkt Zielgruppen adressieren, die zwar nicht kirchengemeindenah leben, sich aber dennoch Kirche, Glauben und Gott verbunden wissen. Sie fördert das durch eine weitere Aus-

differenzierung von zielgruppen- und lebensweltbezogenen Spezialisierungen.

- Öffnung für neue und andere Berufe: Durch die Pluralisierung von haupt- und nebenamtlich beschäftigten Berufsgruppen ragt sie ganz anders in die verzweigten Lebenswelten hinein und bietet gestaffelte Andockmöglichkeiten. Die speziellen Beauftragungen sind unterschiedlichen Lebenswelten zugeordnet, dienen diesen zu und leben in ihnen mit. Eine in die verschiedenen Lebenswelten aufbrechende Kirche wird noch stärker als bisher darum bemüht sein, dass aus den verschiedenen Initiativen, Projekten und Aufbrüchen *fresh expressions of church* werden, die tragfähig sind.
- Umstellung beamtenähnlicher Besoldung: Die aufbrechende Kirche weiß, dass sie über kurz oder lang die beamtenrechtsanaloge Besoldung und Versorgung ihrer Theologenschaft nicht wird aufrechterhalten können. Sie macht aus der Not eine Tugend und unterstützt Initiativen von Förderkreisen, indem sie 50% der Kosten (oder die Sozialabgaben oder die ruhegehaltsfähige Rücklage etc.) übernimmt, wenn diese den anderen Gehaltsanteil stemmen. Zusätzlich und auf freiwilliger Basis geschaffene Stellen sind kein Sand mehr im kirchlichen Getriebe, keine „unregelmäßige Verben", für die man sich entschuldigen muss, sondern das Rückgrat einer hochengagierten, aufgabenbezogenen aufbrechenden Kirche. In der Gestaltung von Stellen ist sie sehr kreativ. Gehaltssplittungen (4x 25% oder 5x20%) erlauben es ihr, die ehrenamtliche Mitarbeit auf einem speziellen Feld zu unterstützen und anzuerkennen, Akzente zu setzen und die Wirkung der eingesetzten materiellen Mittel zu vervielfachen. Wenn die so angestellten Glieder als ganz normale Christen schwerpunktmäßig in ganz normalen bürgerlichen Berufen unterwegs sind, verankert das eine Gemeinde zusätzlich und erhöht ihre Ausstrahlung.

Zusätzlich und auf freiwilliger Basis geschaffene Stellen nicht mehr als Sand im kirchlichen Getriebe sehen

- Verzicht auf überkommene Privilegien: Sie lässt die überkommenen Privilegien und faktischen Religions-Monopole hinter sich; sie verleiht so dem Bekenntnis Glaubwürdigkeit, dass sie sich schuldig gemacht hat durch eine mehrhundertjährige Ehe von Thron und Altar. Eine aufbrechende, das Konstantinische Zeitalter hinter sich lassende Kirche bekennt, dass es nicht evangelisch war, sich zum Zwecke religiöser und institutioneller Selbstbehauptung zum Büttel des Staates gemacht zu haben. Konkret heißt das:
- Kritische Sichtung des Religionsunterrichtes: Sie wird fragen, ob sie wirklich noch die Kraft hat, über den evangelischen Religionsunterricht Menschen zu prägen oder ob es nicht das deutlichere Zeichen für eine Kirche in einer säkularen und vielreligiösen Gesellschaft sein kann, auf Religion als ordentliches Lehrfach zu verzichten und nach profilierteren Möglichkeiten der Glaubenskommunikation zu suchen. So lange und wenn sie prägen kann, sollte sie das Instrument einer Präsenz an staatlichen Schulen nicht aufgeben. Die Curricula in einem weltanschaulich neutralen Staat und für eine durch Vielreligiosität und Konfessionslosigkeit geprägte Gesellschaft lassen die Möglichkeiten eines den christlichen Glauben glaubwürdig vermittelnden Religionsunterrichts aber deutlich reduziert erscheinen, zumal dann, wenn die curricularen Vorgaben umgesetzt werden.
- Starke kirchliche Hochschulen und Präsenz an philosophischen Fakultäten: Sie wird weiter fragen, ob sie noch die geistliche Kraft und den theologischen Willen hat, eine evangelische, an Bibel und reformatorischen Bekenntnissen ausgerichtete akademische Theologie an staatlichen Universitäten zu halten. Die Kirche benötigt Mitarbeiter, die von der Wirklichkeit Gottes wissen; eine am modernen Wissenschaftsbegriff orientierte Theologie muss den Gottesgedanken aber ausschließen. Eine aufbrechende Kirche wird darüber nachdenken und entscheiden müssen, ob sie die Ausbildung ihres akademischen Nachwuchses einer Theologie überlassen möchte, die vielfach nur noch

von Gottesvorstellungen zu sprechen vermag. Es könnte das deutlichere Zeichen für ihren neuen Status sein, auf die entsprechenden Staatskirchenverträge zu verzichten und sich auf angemessenere Formen des Zeugnisses in der *universitas litterarum* und inmitten der faktischen Konkurrenz anderer Religionen einzulassen. Eigene, starke kirchliche Hochschulen und eine Präsenz im Rahmen der philosophischen Fakultäten, gesprächsbereit und dialogfähig im unmittelbaren Gegenüber, Stiftungslehrstühle oder Lehraufträge an den weltanschaulich relevanten Schaltstellen gegenwärtiger Forschung könnten die Theologie fruchtbar herausfordern und dynamisieren und zugleich die Wirkung des Evangeliums auf akademisch-universitärer Ebene multiplizieren.

- Verzicht auf staatlichen Kirchensteuereinzug: Sie wird fragen, ob es sinnvoll und angemessen ist, eine Steuer für die Kirche durch staatliche Stellen von Menschen einziehen zu lassen, die vielfach nur vergessen haben, sich auch offiziell von ihr zu verabschieden, oder ob es nicht das deutlichere Zeichen für eine evangelische Kirche ist, nicht wie eine Behörde Steuern zu erheben, sondern auf die freiwillige und reflektierte Unterstützung ihrer Glieder zu setzen. Ein transparenter Mitteleinsatz, Diskurse über sinnvolle und notwendige Zuwendungen und nicht zuletzt die Möglichkeit, selbst zu bestimmen, erhöhen im Endeffekt die Identifikation mit der Kirche.
- Flexible Mitgliedschaftsmodelle: Sie wird auch ihr Mitgliedschaftsrecht neu regeln. Wie wäre es mit einer Mitgliedschaft zur Probe und auf Zeit, versehen vielleicht mit eingeschränkten Rechten und Pflichten; wie mit einer Mitgliedschaft mit verschiedenen Partizipationsformen, die man individuell wählen kann, je nach Schwerpunkten, die man setzen möchte? Wie wäre es mit einer Mitgliedschaft, die – zunächst und grundsätzlich – auch ohne Taufe möglich ist, wie reformierte Kirchen in der Schweiz sie praktizieren? Wie wäre es mit einer Mitgliedschaft, die man grundsätzlich nur auf Zeit eingehen kann, bei der man auch pausieren kann und die man immer wieder erneuern muss, wenn man das

will, es dann aber doch tut, weil es einem relevant zu sein scheint? Eine Flexibilisierung der Mitgliedschaft kommt auch einem postmodernen Mindset entgegen, das sich zunächst nicht auf Dauer binden möchte; das die Wahl haben will; das probieren will, bevor es sich bindet, und für das die bestehenden Regeln Hürden bildet, die viele nicht überspringen wollen und können. Aber sind solche Mitgliedschaftsmodelle last but not least nicht auch theologisch adäquater, setzen sie doch auf Freiwilligkeit, Entscheidung, Reflexion, bewusste Annäherung? Eine wirklich traurige Kirche, die das fürchten müsste.

Mitgliedschaft auf Zeit?

Resümee

Zukunft hat nur eine schwache Kirche,

- die sich bekennt zu der Schuld, die sie in der Vergangenheit auf sich geladen hat, und die darum Ja sagt zum Verlust ihrer Parochialmacht;
- die nicht mehr beansprucht, Präsenz des Wahren, Richtigen, Guten und Schönen zu sein; die von sich weg weist und gerade so den Weg weist – zu Christus;
- die nicht aus sich selbst und um ihrer selbst bestehen will; die sich nicht selbst behauptet und zum Selbstzweck macht;
- die Alleingeltungsansprüche und Platzhirschattitüden nicht mehr nötig hat; die die Brüder und Schwestern entdeckt und mit ihnen nach vorne geht;
- die sich nicht auf Machtmittel gleich welcher Art verlässt, sondern auf die Beistands- und Bestandszusage des Erhöhten;
- die grund-los zu leben und zu denken sucht;
- die den Konstantinischen Panzer abwirft und „erleichtert“ aufbrechen kann;

- die nicht in Steine investiert, sondern in Menschen;
- die sich nicht mehr durch die Logiken von Institutionen binden lässt; die sich – immer neu inspiriert durch Christus – hineinnehmen lässt in die Mission des dreieinigen Gottes.

Kapitel 3

Konkretionen

Impulse für eine milieusensible, lebensweltorientierte Kirche

„Jede/r hörte sie in seiner Sprache reden" (Apg 2,6b)

Der Gesichtspunkt der Milieusensibilität spielt für die katholische Schwesterkirche eine inzwischen etablierte, für die evangelischen Kirchen aber eine noch untergeordnete, in seiner Bedeutung zu wenig beachtete Rolle. Die Milieuperspektive ist allerdings kein Universalhebel für die Kirchenreform; kirchliche Milieuforschung ist überfordert, wenn sie die Rolle eines Evangeliums, einer rettenden Botschaft, einnehmen soll. Die Milieuperspektive bietet zudem nur eine bestimmte Gegenstandskonstitution, präsentiert nur ein sozialwissenschaftliches Modell – sie bildet nicht die Kirche als solche ab. Schon gar nicht kann sie sagen, wie Kirche sein soll, also normierende Aussagen machen. Die kirchliche Milieuforschung kann aber sehr wohl als „Wahrnehmungshilfe" dienen, die sehen lehrt, was sonst nicht sichtbar wird. Sie deckt (a) analytisch Sachverhalte auf, die mit beobachtbaren Defizitanzeigen korrelieren. Indem sie kirchliches Leben und kirchliche Verfassung (im doppelten Sinne) in einen größeren, nicht nur kirchen- sondern religionssoziologischen Horizont stellt, regt sie (b) zu Interpretationen an. Sie kann schließlich Impulse für ein Kommunikationsmodell liefern, die helfen können, geschlossene kirchliche Echokammern zu überschreiten. Dass der andere Horizont, in den sich die Kirche gesetzt sieht, auch zu provozierenden Einsichten führt, hat viel Anstoß erregt. Aber dieser kann sich, je nachdem wie wir mit ihm umgehen, auch produktiv und kreativ auswirken.

1. Milieusegmentierte Kirche in einer milieufragmentierten Gesellschaft

a) Zahlen: der statistische Befund

Das in der Lebensweltanalyse führende Sozial- und Marktforschungsinstitut SINUS unterscheidet in seinem Modell von 2010 10 Milieus (plus drei sinnvoll zu ergänzende Submilieus) für die bundesrepublikanische Gesellschaft.[24]

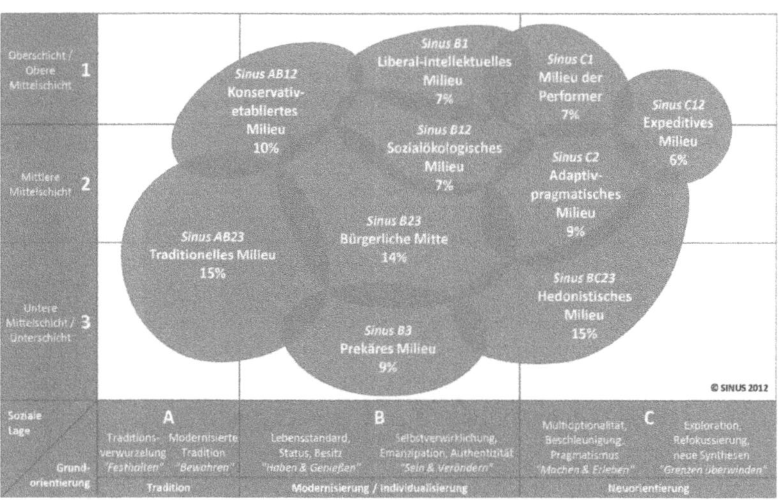

Milieu	Konservativ-etabliert KET	Liberal-intellektuell LIB	Performer PER	Expeditiv EPE	Bürgerliche Mitte BÜM	Sozial-ökologisch SÖK	Adaptiv-pragmatisch ADA	Traditionell TRA	Prekär PRE	Hedonistisch HED
Anteil des Milieus an der Gesamtbevölkerung	10 %	7 %	8 %	9 %	13 %	7 %	11 %	11 %	9 %	15 %

Die Milieufragmentierung setzt sich in den beiden großen Kirchen fort. Anteil des jeweiligen Milieus an der Gesamtheit der Kirchenmitglieder:

Milieu	KET	LIB	PER	EPE	BÜM	SÖK	ADA	TRA	PRE	HED
Anteil eines Milieus an den Kirchenmitgliedern	11 %	7 %	8 %	8 %	13 %	7 %	11 %	14 %	8 %	13 %

Vier von 10 Milieus (TRA, BÜM, KET und SÖK) liegen deutschlandweit bei zusammen 45%. Für die Evangelische Landeskirchen in Baden und Württemberg (EKiBa und ELKWü) gibt es laut der einzigen bisher für deutsche Landeskirchen durchgeführten Studie einen stark abweichenden Befund. Hier stellen diese vier Milieus einen mentalen Block dar, der 70% der Kirchenmitglieder umfasst. Sechs von 10 Milieus teilen sich den Rest von 30%.

Der Anteil der Evangelischen am jeweiligen Milieu ist für jede Lebenswelt noch beachtlich. Die evangelische Kirche ist in jedem der Milieus noch verankert. Anteil der Evangelischen am jeweiligen Milieu:

Milieu	KET	LIB	PER	EPE	BÜM	SÖK	ADA	TRA	PRE	HED
Anteil der Evangelischen am Milieu	38 %	32 %	34 %	35 %	36 %	33 %	37 %	39 %	32 %	31 %

Unsere Gesellschaft ist in ständiger Veränderung begriffen. Manche Milieus wachsen, andere nehmen ab. Die das kirchliche Leben vor allem tragenden Milieus: TRA und BÜM, sind besonders vom Schwund betroffen. Hier der Regiotrend bis 2030:

Milieu/ Jahr	KET	LIB	PER	EPE	BÜM	SÖK	ADA	TRA	PRE	HED
2025	11 %	9 %	8 %	11 %	11 %	8 %	11 %	6 %	5 %	17 %
2030	10 %	9 %	9 %	14 %	12 %	7 %	12 %	4 %	5 %	17 %

b) Interpretation

- „Die Gesellschaft" ist eine (unzulässige) Abstraktion. Unsere Gesellschaft ist lebensweltlich fragmentiert und segmentiert. Milieumodelle versuchen, das abzubilden. Die Gesellschaft ist auch nicht einfach „postmodern". In ihr stehen prämoderne, moderne und postmoderne Mindsets, d. h. Grundorientierungen oder Basismentalitäten nebeneinander und konkurrieren miteinander.
- Es gibt keine einheitliche Lebenswelt, die „normal" oder gar normativ wäre. Es entstehen soziokulturelle Echokammern, „Milieus", „Gruppen gleich Gesinnter" (Burzan), in denen sich die zusammenfinden, die ähnlich „ticken". Die Charakteristik geschlossener Kommunikationsräume bringt es mit sich, dass man jeweils das, was man lebt, für normal und normativ hält. Dies ist im Raum der (Volks-)Kirchen nicht anders.
- Es gibt zwar in allen Milieus Kirchenmitglieder. Das kirchengemeindliche Leben wird aber weithin durch TRA, BÜM und – weniger – durch KET und SÖK bestimmt. Kirche „erreicht" nur Menschen in 2-3 Milieus im römisch-katholischen Bereich bzw. 3-4 Milieus im Einzugsbereich evangelischer Kirchen.
- KET, BÜM, TRA und SÖK bilden einen relativ einheitlichen mentalen Schwerpunkt in evangelischen Kirchen. Je (post)moderner Menschen eingestellt sind, umso ferner stehen sie dem gegebenen kirchengemeindlichen Leben.
- Der Trend ist eindeutig: Die vier Milieus der sog. C-Säule, die sich also im Bereich der „Neuorientierung" wiederfinden und eine postmodern-pluralistische Orientierung haben, machen jetzt schon mehr als die

Hälfte der Bevölkerung aus, Tendenz steigend. Vor allem das TRA wird weiter dramatisch verlieren; umgekehrt gehören die noch weiter wachsenden Zukunftsmilieus wie HED, ADA und EPE zu den Milieus, die mit kirchengemeindlichem Leben fremdeln und ihm fern bleiben. Der Volkskirche bricht die Basis weg.

- Milieus gewinnen ihre Identität, indem sie sich voneinander abgrenzen. Milieus sind durch Distinktionsgrenzen („Ekelschranken") voneinander getrennt. Dieser beunruhigende anthropologische bzw. sozialpsychologische Befund gilt auch für die Kirche.
- Die empirisch vorfindliche Gestalt einer Kirchengemeinde ist immer durch eine bestimmte Mentalität und ein bestimmtes Milieu geprägt. Gemeinden sind im Regelfall durch ein Milieu dominiert. Sie bilden Milieugemeinden mit einem milieuspezifischen Angebot: vom Gottesdienst über weitere Veranstaltungen mit ihrem Framing bis hin zu Musik und Einrichtung, Architektur. Ergebnis ist eine „Milieugefangenschaft" von Kirche (W. Huber). Sowohl das kirchliche Personal wie auch die Angebote sind mental wie lebensweltlich enggeführt.

„Ich denke, dass viele kirchliche Gemeinden – Ausnahmen bestätigen die Regel – faktisch geschlossene Klubs geworden sind (...) wie ein Männergesangverein, der heute auch vor der Frage steht, wo kriegen wir Nachwuchs her. Man müsste eigentlich zu diesem Männergesangverein sagen: Schau dich doch mal an! Schau, was du singst, was du nicht singst, wie du singst, wie du nicht singst, welche Formen der Geselligkeit du pflegst und welche nicht. Wenn du diese sechs Fragen richtig beantwortest, dann weißt du, weshalb du keinen Nachwuchs kriegst. Und so ähnlich ist es heute mit vielen Kirchengemeinden. Sie sind vereinsähnliche, in sich gekrümmte, in sich geschlossene, wohlige, gemütliche Klubs geworden, die so tun, als seien sie offen, aber faktisch hochgradig geschlossen sind für andere Menschen, für andere Geschmacksgruppen und die davon ausgehen, dass ihre eigene Gemütlichkeit so unmittelbar nach außen attraktiv sein müsste. Was aber gerade das Gegenteil bewirkt. Es herrschen regelrechte Ekelschranken zwischen einigen Kirchengemeinden und den religiös suchenden Menschen. Und da meine ich, kann Kirche, wenn sie zukunftsfähig sein möchte (...) immer weniger auf die ausgetretenen Wege der Vergangenheit zurückgreifen. (...) Was die pastorale Seelsorge heute bräuchte, ist: Sie braucht ergänzende Struktur, sie braucht neben den Pfarrgemeinden auch den Vorstoß sozusagen in den gesellschaftlichen Raum, dort[hin], wo die Menschen sind, zu den Themen, die die Menschen heute unbedingt angehen. Und das braucht auch neue Kommunikationsformen, das braucht neue Sozialformen."[25]

Exklusion durch die spezifische Ästhetik von kirchlichem Leben

So der Pionier kirchlicher Milieuforschung für katholische Kirchen Michael Ebertz schon im Jahr 2000.

- Kirchengemeinden sind lebensweltlich betrachtet Milieugemeinden, im Regelfall durch das TRA und die BÜM bestimmt, in Universitätsstädten hin und zu auch postmateriell, also durch LIB oder SÖK geprägt. Sie schließen ein und ebenso aus. Die Exklusion von Kirchenmitgliedern geschieht weniger durch theologisch-dogmatische Aussagen als vielmehr durch die spezifische Ästhetik von kirchlichem Leben.

c) Die Zumutungen von Anthropologie und Sozialpsychologie

Eine bittere Pille stellen die Einsichten dar, die Anthropologie und Sozialpsychologie, speziell Milieutheorie, für eine Kirche bereithalten, die ihrem Selbstverständnis nach offen, inklusiv, integrativ ist. Unter Gottes Verheißung steht eine milieusensible Kirche, die sich demütig unter die anthropologischen Einsichten in sozialpsychologische Mechanismen beugt, die ihr Selbstverständnis als Gemeinschaft der Heiligen (CA VIII) entmythologisiert und sich einen ernüchternden Blick auf die Realität kirchlichen Umgangs miteinander zumutet. Nur eine solche Einkehr eröffnet auch die Möglichkeit der Umkehr. Nur wer sich den blinden Fleck in der Eigenwahrnehmung zeigen lässt, gewinnt die Chance, sich zu verändern. Auch für die Kirche(n) gilt ja

- der Mechanismus von Inklusion und Exklusion: Je wohler sich die einen fühlen, umso mehr wissen sich die anderen ausgeschlossen. Je mehr die einen empfinden: Das ist meine (Lebens-)Welt, umso sicherer spüren die anderen: Das ist nicht meine Welt;
- das ethnologische Gesetz der Abgrenzung durch Distinktion und Ekelschranken. Milieus definieren sich durch die Gemeinsamkeiten der Gruppe Gleichgesinnter, aber ebenso auch durch die emotional fundierte Abgrenzung von denen, die anders sind und mit denen man nichts zu tun haben möchte (Fundamentalisten, AfD, messianische Juden, Homophobe ... oder – je nach Lager –: Bibelkritiker, Liberale). Die instinkthafte Abwehr unterläuft reflexive Gesichtspunkte und steht der Inklusion und unbedingten Annahme dessen, was wirklich anders ist, entgegen, obwohl diese Dinge doch zum evangelistischen Selbstanspruch gehören;
- das gruppensoziologische Gesetz der Eigengruppenbevorzugung: Wer zu mir/zu uns gehört, ist richtig und verdient Unterstützung – im Gegensatz zu denen, die anders sind und nicht richtig ticken. Diese Favorisierung des Eigenen gegenüber dem Fremden funktioniert als Selbstschutz so intuitiv, dass sie nur mit Mühe eingesehen und zugegeben werden kann;
- der für alle Gruppen geltende Selbstrekrutierungs-Mechanismus. Er garantiert eine möglichst gleichbleibende kontinuierliche Zusammensetzung von Gruppen und minimiert Reibungsverluste durch Elemente, die nicht ins System passen. Wer neu dazukommt, spürt einen erheblichen Anpassungsdruck. Entweder er gibt diesem nach und assimiliert sich, oder er verlässt über kurz oder lang die Gruppe, weil er nicht bereit ist, diese Anpassungsleistung zu erbringen. Im Ergebnis

ergänzen sich geschlossene Gruppen immer nur durch solche, die zu ihnen passen. Als Resultat weisen Gruppen Gleichgesinnter (wie überhaupt auf Funktionieren abgestellte Systeme) ein erhebliches Beharrungsvermögen auf, kritisch gesprochen: Sie sind veränderungsresistent und veränderungsunwillig. Das Selbstverständnis als „offene Kirche“ oder „einladende Gemeinde“ mag anders sein. Die von „außen“ wahrgenommene Diskrepranz wirkt für Dritte umso krasser;

- das Gesetz der Täuschung über die eigene Normalität durch Echokammern und geschlossene Kommunikationsräume: Da ein Gruppenmitglied in seiner Lebenswelt vor allem oder nahezu ausschließlich auf Personen trifft, die seinen Lebensstil, seine Anschauungen und Werte und seine Verhaltens- wie Redensweisen teilen, entstehen weitgehend geschlossene Kommunikationsräume. Diese werden umso attraktiver, je stärker eine multikulturelle und plurale Umwelt verunsichert und nach eindeutigen und sicheren Orientierungen fragen und suchen lässt. Die Kommunikation mit denen, die sind wie ich, und die Konzentration auf die, die so sind wie ich, lässt eine Blase entstehen, die suggeriert: Eigentlich sind alle so wie ich; und das, wie ich/wie wir ist, ist das Normale, sprich Normative. Das bedeutet dann auch: So wie wir sind, so geht „christlich“. Das gilt gleichermaßen für ein konservatives Christentum, eine traditionelle Volksfrömmigkeit, einen postmateriellen (Links-)Protestantismus, einen bürgerlich geprägten Neupietismus wie für charismatisch geprägte, pragmatische Gemeindebewegungen. Die eigene soziokulturelle, mich immer weiter verstärkende Echokammer lässt nicht mehr verstehen, wie andere anders sein können und macht die eigene Welt zum Maßstab. Das wird besonders dort problematisch, wo das eigene Selbstverständnis diametral anders ist und man sich selbst als weltoffen, flexibel, mental mobil und tolerant empfindet.

Echokammern und geschlossene Kommunikationsräume

2. Milieusensible Kirche unter der Verheißung: vom Segen der Umkehr

Eine milieusensibel gewordene Kirche ist eine schwache, ihre eigene Schwäche einsehende Kirche. Sie wird, gerade weil sie sich anders versteht, auf diese Einsprüche aus der Sozialwissenschaft hören; sich ihnen selbstkritisch stellen und ihre Praxis daraufhin überprüfen. Sie nimmt bescheiden und demütig wahr, wie gering ihre Reichweite ist und wie wenig sie – entgegen Anspruch und Selbstverständnis – die Menschen in und außerhalb der Kirche erreicht. Sie nimmt wahr, wie sehr kirchliches Leben selber in bestimmten Mindsets verwurzelt ist, wie sehr ihre Fokussierung auf den traditionell-konservativen und bürgerlichen Habitus einen exkludierenden Charakter besitzt. Sie erkennt, dass viele Konflikte – etwa zwischen den mehrheitlich postmateriellen Leitungspersonen und dem eher traditionell-bürgerlich eingestellten „Kirchenvolk" – sich auf soziokulturelle Unterschiede zurückführen lassen, die womöglich sekundär theologisch aufgeladen werden. Eine solche einsichtige Kirche wird zu den Lebenswelten aufbrechen, die sie sich bisher noch nicht erschlossen hat. Sie wird sich missionstheologisch um eine Kontextualisierung des christlichen Glaubens bemühen, die auch Adaptiv-Pragmatische und Expeditive erreicht. Sie wird das historische Gewordensein und die kulturelle Bedingtheit ihrer eigenen Formate erkennen und aufhören, das, was ihr kulturell fremd zu sein scheint, zu dissen. Sie wird die jüngeren Generationen entdecken und mental auf sie zugehen. Sie wird nicht mehr eine doppelte Bekehrung erwarten: die Bekehrung zu einer bestimmten Christentumskultur, ganz gleich ob grün oder konservativ, als Bedingung dafür, dann einen Zugang zur Kirche und zu Christus zu finden. Sie wird entdecken, dass Christus in den so a-christlich erscheinenden Lebenswelten schon da ist. Sie wird im Gegenüber zu dem Fremden und Neuen das Eigene ganz neu entdecken können. Sie wird sich freuen am

Reichtum, den sie durch andersartige soziokulturelle Erschließungen des Evangeliums wahrnimmt. Sie wird ganz neu die *golden nuggets* schätzen lernen: diejenigen, die als seltene, aber doch vorhandene Grenzgänger zwischen ihrer Lebenswelt und der Kirche im kirchengemeindlichen Leben oft am Rande stehen, nun aber zu Brücken- oder zu Drehtürpersonen werden, die beide Welten miteinander verbinden und vermitteln können. Sie wird, wenn sie in diesen Lebenswelten dann angekommen ist, nicht mehr missverstanden werden, sondern einen Weg finden, das Evangelium auch kritisch, konterkulturell in die einzelnen postmodernen Lebenswelten hineinzusagen. Weil endlich begriffen werden kann, dass Christentum nicht mit einer althergebrachten (und auch das Moderne ist für Postmoderne schon sehr alt!) Kulturform identifiziert werden muss, wird christlicher Glaube in einem anderen, auch alternativen, auch antikonventionellen, auch pragmatischen Gewand mit einem Mal zu einer Option. Viele, ganz viele werden entdecken können, was für einen Schatz gelebter und relevanter christlicher Glaube für sie bedeuten kann.

Aufbrechen zu neuen Lebenswelten.

Eine milieusensible Kirche steht unter der Verheißung, weil sie so demütig ist, von der Sozialwissenschaft zu lernen und die Segmentierung, ja Fragmentierung unserer Gesellschaft als einen der wesentlichen Sachverhalte wahr- und ernst zu nehmen, den es zu beachten gilt, wenn die Kirche ihre zentrale Aufgabe wahrnehmen will, das Evangelium „auszurichten an alles Volk“ (Barmen VI). Ihr wird in der Rezeption der Lebensweltforschung schmerzlich klar, dass sich die beschriebene lebensweltliche Fragmentierung in der Volkskirche fortsetzt.

Milieusensible Kirche steht deshalb unter der Verheißung, weil sie die Bewegung Gottes in die Tiefe nachvollzieht; weil sie die Gesinnung hat, die auch in Jesus Christus war, der aus Liebe zu den Menschen die Herrlichkeit beim Vater verlässt und sich „entleert“, seiner Identität begibt, um sich auf uns einzulassen und bei uns zu sein (vgl. Phil 2,5ff); der Mensch wird wie wir (Joh 1,14); der uns Teil gibt am Heil, indem er teilnimmt an unserer Not; dessen Weg wegweisend ist für eine Kirche, die umswitcht und eine Kopernikanische Wende vollzieht von der Komm-Erwartung zu einer Geh-Bereitschaft; die nicht mehr erwartet, dass die Menschen zu ihr kommen, die sich vielmehr selber aufmacht und zu den Menschen geht; die sich dabei wie ein wirksam werdendes Salz diffundiert und den einzelnen Menschen-Gruppen nachgeht, mit ihnen ihr Leben teilt und sie so am eigenen Leben teilhaben lässt.

Einer selbstkritisch reflektierenden und dann aufbrechenden Kirche kommt entgegen, dass sie noch in jedem Milieu millionenfach verankert ist. Im Durchschnitt gehören ihr ca. 30% der Personen an, die dem Milieu zugeordnet werden. Die adaptiv-pragmatische neue junge dynamische Mitte, der eine ganz besondere Bedeutung für den Weg unserer Gesellschaft zukommt, zählt mit 36% sogar überdurchschnittlich viele Evangelische. Darin dokumentiert sich selbst in dieser Lebenswelt nicht nur Respekt, sondern auch eine Erwartung an die Kirche.

Die Kirche ist noch in jedem Milieu millionenfach verankert.

3. 21 Impulse für eine Kirche, die nahe bei den Menschen ist

a) Ekklesiologie: Kirche neu und anders denken und bauen

(1) Eine milieusensible Kirche wird bewusst Milieukirche sein, sich aber nicht mehr auf die dominierende Form vorwiegend traditionell und bürgerlich geprägter Milieugemeinden beschränken. Sie weitet dieses Erfolgsmodell auf andere Milieus aus und baut in einer wesentlich durch die Fragmentierung der Lebenswelten geprägten Gesellschaft bewusst und gezielt Milieukirchen für jedes Milieu.

[2] Sie baut Gemeinden, die aus den entsprechenden Lebenswelten herauswachsen; die *für* sie und *in ihnen* entstehen: Sie baut Kirche und kommuniziert das Evangelium durch LoGs (lebensweltorientierte Gemeinden) und LoKs (lebensweltorientierte Kirchen), fresh X („frische Formen" von Kirche), und Kirchen am anderen Ort: auf der Messe oder an der Autobahn, in der Krankenhaus-Kapelle oder auf dem Skaterpark, im Café oder an der Schule, im Winterspielplatz Kirche oder durch die Beherbergung der Musikschule vor Ort.

[3] Sie vollzieht eine Kopernikanische Wende und erwartet nicht mehr, dass die Menschen zu ihr kommen („Komm-Struktur"), sie geht vielmehr selber zu den Menschen hin („Geh-Struktur"), und sie bleibt bei ihnen („Bleibe-Struktur"). Das beinhaltet, dass sie die Menschen, die sie in einer kirchengemeindefernen Lebenswelt erreicht hat, ebenda in einer LoG oder LoK zu beheimaten sucht, und dass sie eben nicht bestrebt ist, sie in die zuvor bestehende Gemeinde zu integrieren und dabei womöglich – wie unzählige Vorgänge zeigen – zu verlieren. Sie setzt nicht mehr – wie über Jahrzehnte in Gemeindeaufbauprogrammen – attraktional auf die Anziehung *ihrer*, immer milieugeprägten Angebote, sondern auf *Konvivenz* und eine aus dem Zusammenleben mit den Menschen in einem bestimmten Milieu erwachsende und geschenkte *Kontextualisierung* des Evangeliums. Sie „missioniert" nicht durch Worte, sondern durch neu entstandene Gestalten von Kirche und Gemeinde. Sie kommt nicht, um wieder zu gehen. Sie kommt, um zu bleiben.

[4] Sie respektiert, anerkennt und fördert sogar Gemeindeformate und Sitze im Leben, die jenseits der Ordnungen und angestammten Formen kirchlichen Lebens liegen; milieusensible Kirche freut sich über das, was neu, innovativ, kreativ neben ihr wächst. Sie unterstützt es, ohne zu erwarten, dass sie daraus einen direkten Benefit zieht. Resultat ist eine aus England bekannte *mixed economy*, die mehrere Gestalten von Gemeinde nebeneinander kennt und miteinander verbindet. Ergebnis ist eine fluide und vielgestaltige Kirche, angepasst an die jeweiligen lebensweltlichen

Notwendigkeiten und Rahmenbedingungen. Sie realisiert: Kirche ist da, „wo zwei oder drei versammelt sind in meinem Namen“ (Mt 18,20) und folgt der befreienden reformatorischen Einsicht: „Und es ist *nicht* zur wahren Einheit der christlichen Kirche nötig, daß überall die gleichen, von den Menschen eingesetzten Zeremonien eingehalten werden, wie Paulus sagt: ‚Ein Leib und ein Geist, wie ihr berufen seid zu einer Hoffnung eurer Berufung; ein Herr, ein Glaube, eine Taufe‘“ (CA 7). Traditionen, Regeln, Gewohnheiten haben keine Ewigkeitsbedeutung und dürfen uns nicht binden, wo Veränderung um unserer Aufgabe willen notwendig ist.

(5) Sie erschließt den Reichtum des Evangeliums ganz neu, indem sie es in anderen Lebenswelten kontextualisiert. Sie entwickelt etwa neben der bewährten bürgerlichen Formatierung durch Pflichtwerte eine Gestalt christlichen Glaubens, die sich durch Akzeptanz- und Selbstverwirklichungswerte auszeichnet; sie begreift, dass eine sicherlich bewährte und gesegnete spezielle Gestalt von Kirche und Glaube selber historisch geworden und in ihrer Bedingtheit nicht mit dem Wesen von Kirche und Glaube identifiziert und als die allein christliche verabsolutiert werden darf.

(6) Milieusensible Kirche verzichtet darauf, ihre hergebrachte kirchliche Leitkultur (entweder traditionell-bürgerlich oder auch modern-postmateriell) mit *dem* Evangelischen und Christlichen ineinszusetzen und sie so zur Zugangsvoraussetzung und Bedingung zu machen, glauben zu können. Sie begreift es vielmehr als missionstheologische Aufgabe, das Evangelium auch für postmoderne Lebenswelten zu kontextualisieren: in Anknüpfung und Widerspruch, durch Inkulturation und Konterkulturation (Schuster 2020; zur Diskussion Hempelmann 2020, 348-371). Ihr hilft die messianische Perspektive, das notwendige Leiden, das mit dem Verlust von lieb gewordenen Gestalten verbunden ist, zu ertragen: „Wenn das Weizenkorn nicht in die Erde fällt und stirbt, bleibt es allein; wenn es aber stirbt, bringt es viel Frucht“ (Joh 12,24).

(7) Milieusensible Kirche weiß zu unterscheiden zwischen kirchen*gemeinde*nah und *kirchennah*. Viele Menschen können mit der (klein-)bürgerlichen Inszenierung kirchlichen Lebens vor Ort wenig anfangen und halten aus ästhetischen Gründen Abstand. Das bedeutet aber nicht, dass sie Distanz zur Kirche als solcher hätten und dass es nicht jenseits von Gottesdienst und anderen Regelveranstaltungen für sie Räume, Treffen, Gruppen und Gelegenheiten gibt, die für sie „Kirche" sind und wichtig sind. Milieusensible Kirche fragt ganz neu: Was ist Kirche? Dürfen wir den Begriff von „Kirche" monopolisieren? Handelt Gott evtl. vielfältiger und disparater, als es unsere ekklesiologische Theorie zulässt? Was ist mit dem CVJM, was mit dem Hauskreis, was mit der Gruppe, die das politische Nachtgebet vorbereitet, was mit dem Strickkreis am Samstagmorgen, in dem Anliegen besprochen und zwanglos und gemeinsam bedacht und vor Gott gebracht werden können? Sie realisiert, dass weder Schrift noch reformatorische Bekenntnisse definieren, welche administrative oder organisatorische Gestalt Kirche hat. Sie wird anerkennen, was Gott als Kirche schenkt, ggf. auch auf Zeit und bei Gelegenheit. Sie schafft Situationen, in denen man Kirche „schnuppern" kann, unverbindlich und ohne Angst, sich verpflichten zu müssen. Sie stärkt, was aus der Reihe tanzt und aus der Reihe fällt. Sie schafft Optionen und Andockpunkte, tief gestaffelt in die diversen Lebenswelten und Subwelten hinein. Kirche wächst! Aber oft nicht (mehr) unter dem eigenen Kirchturm.

(8) Milieusensible Kirche realisiert die sehr unterschiedlichen Erwartungen, die Menschen an Kirche haben, und Formen, in denen Menschen in den verschiedenen Milieus Kirche (er-)leben; was sie jeweils an Kirche lieben und gestärkt sehen möchten und was sie als abstoßend erleben. Sie versucht, aus ihren Wahrnehmungen zu lernen, ohne sich anzupassen. Sie prüft alles und hält das Gute fest. Maßstab dafür ist aber kein vorgefasster traditioneller Begriff von Kirche, der zum theologischen Fallbeil für das wird, was nicht sein darf: *Das gab es doch noch nie …; wir haben doch schon immer …*

Weder Schrift noch reformatorische Bekenntnisse definieren, welche administrative oder organisatorische Gestalt Kirche hat.

(9) Milieusensible Kirche erwartet nicht mehr selbstbewusst und als Selbstverständlichkeit, dass die Menschen zu ihr kommen und sich dem gegebenen Gemeinschaftsformat und dem gegebenen Format von Veranstaltungen und „Angeboten“ anpassen. Sie realisiert: Allen Menschen ist zwar gemeinsam, dass sie Gemeinschaft haben wollen. Das ist in der Tat die übergreifende anthropologische Konstante. Aber wie diese aussieht und konkret gestaltet wird, darin unterscheiden Menschen sich fundamental, und das entscheidet auch darüber, ob jemand Anschluss findet und Zugang gewinnt. Milieusensible Kirche realisiert, dass die einen gerne passiv bleiben wollen, die Vorgabe und Regeln suchen, auf die man sich einlassen kann, dass andere umgekehrt selber mittun, selber mitgestalten und nicht als passive Objekte kirchlichen Handelns fungieren möchten. Sie nimmt wahr, dass die einen Dauer, Kontinuität und Unveränderbarkeit suchen, dass für andere aber Veränderung, Wandel, Vielfalt essenziell für ihr Lebensgefühl ist. Milieusensible Kirche will dienen und nicht andere ihren gegebenen, historisch gewordenen und bedingten Formaten unterwerfen.

Wo vernetzen sich Menschen?

Sie versucht nicht mehr, Menschen „zu integrieren“, wenn damit gemeint ist, sie kompatibel zu machen mit dem Bestehenden. Sie gibt ihnen und ihren Verschiedenheiten Raum. Sie fragt nicht mehr: Wo ist Kirche?, sondern: Wo lebt Kirche? Wo vernetzen sich Menschen auch unabhängig von den bestehenden organisatorisch-administrativen Vorgaben? Für sie ist nicht mehr das Bestehende Selbstzweck, das es unbedingt zu erhalten gilt, auch dadurch, dass Menschen, die das gar nicht wollen, in die bestehende Gestalt hinein transformiert werden.

b) Leitung

(10) Milieusensible Kirche stellt durch Gemeindeleitung sicher, dass die verschiedenen kirchlichen Arbeitsfelder und Lebensbereiche milieubezogen sind; dass das gemeinsame kirchliche Leben milieusensibel gestaltet wird; dass eine Dominanz eines Milieus vermieden wird, das dann die einen zuverlässig beheimatet, andere aber ebenso zuverlässig mental ausschließt (*worship-wars*!); dass die Milieutoleranz der Einzelnen nicht überfordert wird, sondern langsam wachsen darf, durch behutsame Begegnungen und Annäherungen, durch anhaltende Bemühungen um das Verstehen der so ganz anderen Glaubensäußerungen derer, die mit mir dem gemeinsamen Herrn verbunden sind; dass Milieuüberschreitung fokussiert und reflektiert mit einer definierten Zielsetzung geschieht und nicht als pauschales Postulat, „alle" erreichen zu müssen, das schnell zu Frust und Resignation führt; dass die seltenen und wertvollen *golden nuggets* erkannt werden, die vermitteln können, weil sie als Drehtürpersonen verschiedene Lebenswelten kennen und miteinander verbinden; die als Brückenpersonen fungieren können zwischen dem dominanten Milieu einer Gemeinde und einer Lebenswelt, die man zusätzlich erreichen will; die man als Milieumissionare ansprechen kann, wenn man „Angebote für …" nicht frei imaginieren, sondern sachkundig konzipieren will.

Brückenpersonen und Milieumissionare

(11) Milieusensible Kirche weiß, dass sie mit der gegebenen Gestalt ihres Erst- und Zweitgottesdienstes nur wenige Milieus erreicht. Sie freut sich darüber, dass ihr diese Gottesdienste gelingen und Menschen sich heimisch fühlen. Sie bleibt aber dabei nicht stehen. Es ist ihr Anliegen, Gottesdienste auch für andere und in anderen Lebenswelten zu performen. Die sehr unterschiedlichen Erwartungen an Gottesdienst sind für sie nicht Norm, aber Ausgangspunkt. Sie wird nicht dem in einer deutschen Großstadt durchgeführten Modell folgen, an der Kirchentür einen

Anschlag anzubringen, der angibt, an welchem Sonntag jeweils der Gottesdienst für welches Milieu stattfindet, sondern Gottesdienst aus der jeweiligen Lebenswelt heraus entwickeln und wachsen lassen.

[12] Milieusensible Kirche wird spezielle Wünsche an die Gestaltung von Kasualien nicht in erster Linie als Störung des gewohnten Ablaufes, als zusätzliche Belastung begreifen, sondern als Chance: zum Kontakt, zum Kennenlernen, zum Schätzenlernen. Ihrem Herrn folgend ist sie sich nicht zu schade, buchstäblich und übertragen entgegenzukommen, zu dienen und buchstäblich „Dienstleister" zu werden, einen Dienst zu leisten, wenn Christus durch sie zu den Menschen kommt (welche Gesichtspunkte für die Performanz und das Framing zu beachten sind, versuchen die Herausgeber der Reihe Kirche und Milieu exemplarisch und milieudifferenziert durchzudenken).

[13] Sie sieht die Dominanz von Theologen in leitenden Gremien kritisch und berücksichtigt auch andere Berufsgruppen mit ihrem anders gelagerten Sachverstand. Andere Berufe bringen andere Perspektiven und führen zu einem womöglich differenzierteren und weniger einseitigen Bild. Sie praktiziert Gabenvielfalt auch darin, dass sie neben und nach den geschätzten und notwendigen Analysen wie Reflexionen ihrer postmateriellen Akademiker auch die Expertise und Dynamik der Performer ins Boot holt, die Prozesse – risikobewusst wie risikobereit – ins Laufen bringen.

Performer bringen Prozesse ins Laufen

[14] Sie überwindet die mentale Trennung von Theologen und Laien, Haupt- und Nebenamtlichen. Eine neu aufbrechende Kirche braucht verschiedene Gaben, Funktionen, Beauftragungen. Sie wird aber die Beziehungen zwischen den Spezialisten (und wer ist heute in seinem Bereich nicht Spezialist und in allen anderen Laie?) anders regeln. Sie wird sensibel sein für alle Dominanzattitüden. Normgebendes und Verhalten prägendes Vorbild ist der dienende Menschensohn, der zu den nach Ämtern, Macht und Rang strebenden Jüngern sagt: „Ihr wisst, die als Herrscher gelten, halten ihre Völker nieder, und ihre Mächtigen tun ihnen Gewalt an. Aber so ist es unter euch nicht; sondern wer groß sein will unter euch, der soll euer Diener sein; und wer unter euch der Erste sein will, der soll aller Knecht sein. Denn auch der Menschensohn ist nicht gekommen, dass er sich dienen lasse, sondern dass er diene und sein Leben gebe als Lösegeld für viele" (Mk 10,42-45). Eine aufbrechende, mental hellhörige Kirche wird darauf acht haben, dass die Beziehungen, primär die zwischen Theologen und Nicht-Theologen, nicht belehrend, ausgrenzend, dominierend sind. Sie wird keinerlei Amtsattitüde mehr gelten lassen. Sie wird sensibel für die immer noch hörbaren und wirksamen preußischen Konnotationen von „Amt" und „beamtet". Sie wird sensibel für eine, Theologen und Hauptamtlichen oft nicht auffallende Dauerdiskriminierung, weil Abwertung, die die verfasste Kirche natürlich „nicht so meint", wenn sie zwischen „Laien" und „Theologen"/Hauptamtlichen unterscheidet. Milieusensible Kirche setzt nicht auf die Künste von Haupt- und Nebenamt; denkt nicht mehr in den klassischen Hierarchien, die auch Grenzen und Begrenzungen markieren. Sie setzt für die Zukunft der Kirche auf die Ganochris: die ganz normalen Christen. Sie nehmen ihren Glauben in ihre Lebenswelt und ihr Lebensumfeld mit hinein. Sie vollbringen da entscheidende Kontextualisierungsleistungen ebenso, wie sie in ihren Gemeinden und Gruppen – nicht im Nebenamt, sondern als ganz normale Christen – ihren Aufgaben nach Vermögen wahrnehmen. Eine milieusensible Kirche nimmt Schwächen, Unbeholfenheiten bewusst in Kauf. Sie will weg von der immer weitergehenden Professionalisierung, wenn es um Fragen des Glaubens und Lebens geht. Hier darf es kein Schema F geben. Sie weiß freilich auch, dass sie Performer und Adaptiv-Pragmatische nur erreicht, wenn sie technisch professionell auftritt, und dass Konservativ-Etablierte nur Respekt haben, wenn ihre Repräsentanten kompetent auftreten und wissen, was ihr Auftrag ist.

Die mentale Trennung von Theologen und Laien, Haupt- und Nebenamtlichen überwinden

Sie nutzt die Einsichten der Lebensweltforschung, um Menschen für die Mitarbeit zu gewinnen. Sie weiß, dass Identifikation über Mit-Tun geschieht und berücksichtigt, dass die Motivationen je nach Lebenswelt sehr unterschiedlich sind. Sie wertet diese nicht, weil sie weiß, dass jeder Mensch nur das tut, was für ihn Sinn macht. Sie freut sich nur, wenn Menschen – aus welchen Gründen auch immer – einen Zugang zur Kirche und über sie zum Evangelium finden.

[15] Sie geht denen nach, die verloren zu gehen drohen. Teil ihrer Umkehr und glaubwürdiges Zeichen von Aufbruch und Erneuerung ist ihre Nachsorge und ihr Nachgehen. Sie nimmt nicht einfach nur wahr, dass anhaltend Menschen vor allem mit säkular-distanzierter Haltung auf dem Sprung sind, sie zu verlassen und eigentlich keine Gründe mehr sehen, an ihrer Kirchenmitgliedschaft festzuhalten. Sie entwickelt vielmehr Programme und Initiativen, um sie anzusprechen, zu gewinnen, zu interessieren und ihre Mitwirkung zu erreichen; sie unterstützt Christen, die diesen Menschen auf dem Sprung nachgehen. Sie unterscheidet Formen von Kirchendistanz und reagiert differenziert. Sie unterscheidet etwa Säkular-Distanzierte mit bloß noch konventionellen Mitgliedschaftsgründen, Enttäuschte Kritiker, die nicht weniger, sondern mehr Kirche wollen, und Wohlwollend-gleichgültige, die Kirche respektieren, denen sie aber nichts bedeutet, weil sie keine Bedeutung für ihren Alltag hat. Sie stellt sich auf die unterschiedlichen Typen von Distanz ein. Sie diversifiziert – etwa in Großstädten – pfarramtliche Aufgabenzuweisungen so, dass ein Schwerpunkt auf pastoraler Versorgung liegt, ein anderer auf der Bemühung um Kirchenferne, ein dritter auf der Kommunikation mit den kirchengemeindefernen Noch-Mitgliedern der Kirche. Milieusensible Kirche bekümmert es, dass Menschen mit dem Evangelium, für das sie steht und dem Menschen durch sie begegnen sollen, nicht oder nicht mehr viel anfangen können. Sie geht aber nicht nur auf die Kirchendistanzierten zu, sie geht auch den Ausgetretenen nach, nicht um sie als

Denen nachgehen, die verloren zu gehen drohen.

Kirchensteuerzahler zurückzugewinnen, sondern einfach deshalb, um ihnen zu zeigen, dass sie ihr – endlich – wichtig sind und dass es sie schmerzt, diese Glieder verloren zu haben.

c) Einheit

[16] Milieusensible Kirche sucht die Einheit der Kirche nicht in einer dominanten, aber immer nur partikularen, nur wenige repräsentierenden Monokultur. Sie setzt „Einheit“ nicht als Argument gegen die Diversifizierung und Pluralisierung kirchlicher Lebensstile. Sie realisiert, dass diese Einheit schon jetzt *empirisch* in ihren Milieugemeinden nicht existiert. Sie sieht die Einheit der Kirche vielmehr gegeben in der gemeinsamen Loyalität der Christen gegenüber dem einen Herrn der Kirche, die ihm alles verdanken und deren Leben in sehr unterschiedlicher Weise auf ihn hingeordnet ist (Gal 3,28).

Einheit nicht in einer dominanten, nur wenige repräsentierenden Monokultur suchen

Steht er im Mittelpunkt, ist er das alles organisierende Zentrum, auf das hin sich Christen von den unterschiedlichsten, auch entgegengesetzten Standpunkten aus hinbewegen, in mehr oder weniger großer Distanz, mit Abstand oder auch in Phasen des Engagements.

[17] Milieusensible Kirche gibt dieser Einheit in Christus dann auch exemplarisch – etwa auf gemeinsamen Glaubensfesten – eine verbindende Gestalt. Die einzelnen Gemeinden verzichten dann auf den eigenen Gottesdienst, um mit anderen Christen aus der Stadt oder Region einen gemeinsamen Gottesdienst zu feiern. Sie essen und trinken zusammen: mit Maultaschen und Kartoffelsalat wie mit Sushi und Cocktails. Mit so diversen Angeboten erreichen sie – nachweisbar – diverse Gruppen. Sie ertragen und lassen sich bieten: klassische Chormusik und E-Gitarrenbegleitete Anbetung, mittelalterliche Choräle und frommen Hip-Hop. Auf ihrem gemeinsamen Glaubensevent wird sichtbar: Wir sind eins.

Wenn das Evangelium in den verschiedenen Milieuzugängen in völlig unterschiedlicher Weise erschlossen wird, wird so erfahrbar, welchen Reichtum diese Pluralität für die Kirche bedeutet.

[18] Sie spielt nicht Einheit gegen Diversität aus, sondern lässt Vielfalt zu. Sie begreift Einheit nicht als Uniformität und Kon-Formität, sondern als Haltung: als Loyalität der Diversen gegenüber dem Einen, der sie verbindet. Diversität ist dort nicht Problem, sondern Chance, wo dieses Band stark ist.

d) Reichgottesperspektive

[19] Milieusensible Kirche sieht nicht nur ihre eigenen Möglichkeiten und Grenzen, sie schaut regional und ökumenisch über den Tellerrand. Sie nimmt nicht nur wahr, welche evangelischen Gemeinden in unmittelbarer und erweiterter Nachbarschaft existieren (in Distrikt und Bezirk), sondern weitet den Blick auch auf katholische und freikirchliche, auf independente Gemeindebewegungen und geistliche Aufbrüche. Sie realisiert eine Reichgottesperspektive, die die Kommunikation des Evangeliums in einer segmentierten Gesellschaft und Kirche als gemeinsame konfessionsverbindende Aufgabe vor Ort und in der Region begreift. Da die Adressierung unterschiedlicher Lebenswelten eine einzelne Gemeinde überfordert, verabreden die Kirchen und Christen in der Region eine gabenorientierte Delegation von Aufgaben an die einzelnen Gemeinden und Gruppen. Unterschiedliche Gemeinden sprechen unterschiedliche Menschen an. Eine gemeinsame Sozialraumanalyse und Klärung der schon bestehenden jeweiligen Arbeitsschwerpunkte bereiten diese Arbeitsteilung vor. Die Instrumente dafür bestehen bereits (etwa ACK, Evangelische Allianz). Wechselseitiger Traffic und ein gemeinsamer Auftritt in der Öffentlichkeit stärken die Gemeinschaft und machen die Einheit der Unterschiedlichen manifest. Sinnvoll ist der Beginn mit einer gemeinsamen Homepage oder Veranstaltungsseite, auf der eine gemeinsa-

me Gottesdienst- und Veranstaltungslandschaft die Vielfalt und Buntheit der Christen und Kirchen vor Ort und in der Region dokumentiert und manifest werden lässt: Wir sind EINS.

Reichgottesperspektive bedeutet die Anerkennung der anderen Kirchen und Christen vor Ort und in der Region. Sie bedeutet den Verzicht auf theologische Wertungen einerseits und den Verzicht auf den Vorwurf des *sheap-stealing* andererseits. Sie bedeutet die Hochschätzung dessen, was der Herr der Kirche den anderen als besondere Gaben, Perspektiven und Anliegen geschenkt und wichtig gemacht hat.

Ausgangspunkt für diese Reichgottesperspektive ist die Frage: Können wir zusammen beten? Zweites Kriterium ist die Antwort auf die Frage, die jeder selber beantworten muss: Ist der eine Herr – nicht ein im Einzelnen ausformuliertes Set gemeinsamer theologischer und politischer Überzeugungen wie soziokultureller Prägungen und Gewohnheiten – das Fundament? Da finden und haben dann Pfingstgemeinden, die die „kleinen Leute" ansprechen, und die Vereinigung christlicher Geschäftsleute eine gemeinsame Basis.

e) Ausbildung

[20] Milieusensible Kirche, die um ihre traditionelle Milieuverengung weiß, sucht schon im Hinblick auf ihr hauptamtliches Personal eine Milieuverengung auf die postmaterielle Lebenswelt zu überwinden bzw. zu vermeiden. Sie öffnet nicht nur wieder gezielt alternative Wege zum Pfarramt, sondern sucht auch Menschen aus vor allem Unterschicht- und postmodernen Milieus zu rekrutieren. Nur solche können ihrerseits milieuspezifisch und milieusensibel kommunizieren und damit die vorherrschende Milieuverengung in Kirchengemeinden und auf den verschiedenen Arbeitsfeldern überwinden.

f) Ressourceneinsatz

[21] Die finanziellen Mittel stehen allen gleich zu, werden aber de facto sehr ungleich verteilt. Eine Kirche, die orientiert ist an den in ihr gegebenen Lebenswelten, bemüht sich um Ressourcengerechtigkeit. Sie wird sich nicht dem Druck der in ihr dominanten Milieus beugen, vor allem Versorgungskirche zu sein und ihre immer noch umfangreichen Ressourcen schwerpunktmäßig und unverhältnismäßig zu verwenden, um die im kirchengemeindlichen Leben dominierenden Erwartungen der kirchengemeindenahen Milieus zu erfüllen. Sie wird vielmehr fragen, welche Glieder und darüber hinaus auch Nichtmitglieder aus welchen Milieus sie nicht erreicht, verloren hat oder zu verlieren droht. Sie wird ihre Ressourcen vor allem dazu verwenden, ihnen nachzugehen (Mt 18,12f).

Sie wird den prozentualen Anteil der Mittel für übergeordnete Aufgaben reduzieren und umgekehrt die regionale und lokale Ebene stärken.

Sie wird ihre Mitglieder als ihre entscheidende Ressource entdecken. Sie wird Eigeninitiative und damit die für eine aufbrechende Kirche so wichtige Erfahrung der Eigenwirksamkeit stärken. Sie wird nicht mehr in erster Linie danach fragen, wo sie das vorhandene „Menschenmaterial“ für ihre vorgegebenen und festgelegten Dienste einsetzen kann – und dann im Regelfall verfallsoptisch bedauern, wie wenig Menschen heute noch zur Mitarbeit bereit sind. Sie wird vielmehr auch hier von den Menschen und ihren Begabungen her denken und überlegen, wie eine Gemeinschaft und Gemeinde aussieht, die von den – von Gott gegebenen und geschenkten und zur Verfügungen stehenden – speziellen Gaben und Begabungen her denkt. Sie entdeckt staunend, wie ihrer Lebensweltlogik entsprechend angesprochene hedonistische Jugendliche womöglich engagierter, mit Sicherheit innovativer und kreativer auf kirchlichen Arbeitsfeldern mitarbeiten als sich traditionell zur Kirchengemeinde haltende Gemeindeglieder.

4. Verheißung auf milieusensibler Kommunikation

Durch milieusensible Kommunikation verändern wir nicht nur andere, wir verändern uns zuerst und vor allem selbst. Auch darauf liegt Verheißung. Wir verstehen:

a) Wir sind auch Milieu

schon als Reflexionssubjekte, die über Kommunikation nachdenken und solche Bücher wie dieses schreiben oder lesen. Selbstverständlich und normal ist das ja nicht. Die meisten Menschen tun so etwas nicht. Schon unser Kommunikationsansatz und unsere Reflexionsbereitschaft versteht sich ja nicht von selbst.

Wir erkennen: Unser Bild von Glaube, Gott und Gemeinde ist selber milieugeprägt und -befangen.

Unsere eigene Milieubefangenheit erkennen wir, wenn wir sehen, wie wir in der Gefahr stehen, unwillkürlich unser milieubedingtes Denken zum Maßstab zu machen (Adaptiv-Pragmatische als „wenig sozial", Konsum-Hedonisten „nur lustorientiert", Bürgerlich-Nostalgische als „vermieft", Traditionelle als rückwärtsgewandt).

Demütig macht uns die Einsicht: Distinktionsschranken als „Ekelschranken" können auch wir nicht einfach überspringen, auch nicht durch das postmaterielle Allheilmittel der Reflexion.

Viele Konflikte, die wir inszenieren und sehen, sind nicht geistlich-theologischer Natur. Sie sind oft kulturell-ästhetischer Art. In ihnen treffen beschämenderweise vielfach nur Milieuprägungen aufeinander, unsere und die der anderen, etwa bei Kasualien und unterschiedlichen Vorstellungen, wie diese zu rahmen und zu gestalten sind[26] (Beispiele bei

Hempelmann et al. 2013, 2015; Hempelmann 2014). Die Blockaden anderer im Zugang zu Gott, Gemeinde und Glaube sind nicht allein, noch nicht einmal in erster Linie theologischer und geistlicher, sondern primär mentaler und kultureller, emotionaler und ästhetischer Natur. Es ist nicht in erster Linie der Unglaube anderer, ihre der Kirche grundsätzlich abgewandte Einstellung, es ist oft in erster Linie unsere eigene soziokulturelle Prägung, die wir mit dem Christlichen identifizieren und die anderen, die soziokulturell anders geprägt sind, den Zugang zu Gott und Gemeinde versperrt.

Nicht die Hedonisten sind kirchenfern – die Kirche ist hedonistenfern.

Barrikaden und Barrieren liegen nicht nur im kirchen- und gemeindefernen Milieu vor, nach dem Motto: Die Hedonisten sind eben kirchenfern und können mit Kirche nichts anfangen. Es ist umgekehrt: Die Kirche ist hedonistenfern und kann mit ihnen nichts anfangen, und das merken sie, und daraus ziehen sie die natürlichen Konsequenzen. Alternative Erfahrungen können das aufbrechen.

Es ist beschämend: Wir, ausgerechnet wir mit unserer kulturellen Prägung, stehen der Kommunikation des Evangeliums entgegen.

Die gegebene lebensweltliche Formatierung von Gemeinde, Glaube und „Gott", Gottesdienst, Gemeinschaft bedeutet eben nicht nur Inklusion derer, denen das gefällt, was ist und sich nicht ändern soll, sondern ebenso auch anhaltende Exklusion derer, die kulturell und mental anders ticken.

b) Von den Menschen her denken, die wir erreichen wollen

Milieu- und Mentalitätsforschung zeigt uns, dass Menschen sehr unterschiedlich sind und demzufolge, dass die Art und Weise wie wir denken, nicht „normal" ist, nicht einfach als die richtige Einstellung vorausgesetzt werden darf. Verzichtet man auf die unzulässige Identifikation der eigenen mentalen und soziokulturellen Prägung und Gewohnheit mit dem Christlichen, ist es sinnvoll und nötig, sich damit zu beschäftigen, wie andere

„ticken". Das bedeutet dann in einem ersten Schritt eine mentale Umkehr zu den Menschen, die wir erreichen wollen. Wir erwarten dann nicht mehr, dass sie so werden wie wir; wir beginnen, von ihnen her zu denken, weil wir sie erreichen wollen. Deshalb versuchen wir,

- ihre Lebensweltlogik wahrzunehmen: Warum sind sie so, wie sie sind?[27]
- mentale Barrieren und Barrikaden ernst zu nehmen (*Go's* und *No-Go's*, Orte und Un-Orte[28];
- eine Kopernikanische Wende zu vollziehen: von der Komm-Erwartung zur Geh-Bereitschaft,
- auf eine doppelte Bekehrung, die unevangelisch ist und soziokulturelle Bedingungen für den Glauben aufrichtet, zu verzichten: „Komm zu Christus und werde dazu zunächst wie wir!"
- Wir verstehen, dass die Zuwendung zu den Mitmenschen nicht nur sozial, sondern auch mental und missional zu geschehen hat.

c) Kirche wird selbst zum Kommunikationsmittel.

Wir realisieren, dass die Kirche kein Selbstzweck ist. Sie ist „Brief Christi, geschrieben nicht mit Tinte, sondern mit dem Geist des lebendigen Gottes, nicht auf steinerne Tafeln, sondern auf fleischerne Tafeln der Herzen" (2Kor 3,3). Ihre soziale Existenz, ihre Inter-Existenz unter und zwischen den Menschen ist Medium des Evangeliums. Wie man sie anschaut, so schaut man Christus an. Von diesem Fokus her denken wir Kirche und Gemeinde neu,

- nicht nur als Kirche für die Menschen, sondern Gemeinde bei den Menschen: in ihren segmentierten und fragmentierten Lebenswelten,
- als Kirche, die dabei, dazwischen ist, sich „interessiert"; die da ist, wo die Menschen sind,
- als mobile Kirche und flexible Gemeinde; Kirche unterwegs und Gemeinde auf dem Weg, die die

Nicht nur Kirche *für* die Menschen, sondern Gemeinde *bei* den Menschen

dicken Mauern und heimeligen, aber geschlossenen mentalen Räume verlässt; die sich diffundiert und ihre Identität aufgibt, um bei den Menschen zu sein,

- als Kirche, die „fetten Benefit" erfährt, indem sie Gott noch einmal ganz anders und neu entdecken darf. Im Kontext anderer, bislang evangeliums-fremder Kulturen erschließt sich Glaube neu und bereichert die Kirche. Dem katholischen Weihbischof Klaus Hemmerle verdanken wir das Diktum: „Lass mich dich lernen, dein Denken und Sprechen, dein Fragen und Dasein, damit ich daran die Botschaft neu lernen kann, die ich dir zu überliefern habe" (Klaus Hemmerle);

Missionsland Deutschland

- als Kirche, die ihre spezifisch missionstheologische Aufgabe begreift: nicht in Drittweltländern, sondern im Missionsland Deutschland lernt sie es, Konvivenz und Kontextualisierung neu durchzubuchstabieren;
- als Kirche, die darum offen ist für lebensweltorientierte, aus den Lebenswelten herauswachsende Gemeinde.

d) Wir lernen zu kommunizieren wie der lebendige, flexible, mobile Gott,

- der nicht bei sich bleibt, sondern zu uns kommt; der die himmlische Herrlichkeit verlässt und Teil unserer sehr irdischen, ganz anderen Lebenswelt wird (Phil 2,5f),
- der mit uns kommuniziert, indem er wird wie wir: einer von uns (Röm 8,3) und dabei seine Identität aufgibt (Phil 2,7),
- der bereit ist, unsere schwierige Lebenslage leidvoll kennenzulernen (Hebr 5,8),
- der sich verändert, um bei uns zu sein,
- der mit uns unterwegs ist, unter uns „zeltet" (so wörtlich Joh 1,14), und so zum „Camping-Gott" wird,
- der sich zuwendet aus Liebe – und der liebt, indem er sich zuwendet.

e) „... und hätte der Liebe nicht ...“

Eine milieusensible Kirche, die sich an der Kommunikationsweise des lebendigen Gottes orientiert, zeichnet sich nicht primär durch bestimmte Analysetools und Methoden aus, sondern vor allem und im Kern durch die Motivation der Liebe zu den Verlorenen. Milieusensibilisierung ist für sie Hilfsmittel, aber nicht todsicherer Hebel zur Kirchenreform. Sie ist nicht Mittel der Selbstbehauptung einer schrumpfenden Kirche, sondern Konsequenz einer bestimmten Haltung, mit der sie Menschen begegnet. Milieusensible Kirche überschätzt und überfordert Methoden nicht. Sie weiß: Zu-Wendung ist durch nichts zu ersetzen. Sie erreicht ihr Ziel, ihre Erneuerung nicht durch die Anwendung einer Methode, sondern die Einübung einer Haltung. Kommunikation gelingt ihr – eventuell – dort, wo Menschen aus Gegenständen („Kirchenmitglieder“, „Kirchensteuerzahler“, „Missionsobjekte“, pastoral zu „Betreuende“, „um Kasualien Nachsuchende“) zum Gegenüber werden; wo sie nicht mehr Mittel, sondern selber letzte Zwecke sind; wo wir uns ihnen in Liebe zuwenden.

Kapitel 4

Hoffnungen

Wie die Kirche der Zukunft aussieht

Unsere Gesellschaft war einmal christlich geprägt; in Teilen und bestimmten Bereichen ist sie es auch heute noch. Aber das wird immer weniger. Wie verhalten wir uns dazu? Brauchen wir alle Kraft, um den Schmerz zu bewältigen, den dieses „Immer-Weniger" verursacht? Sind wir im Wesentlichen mit geordnetem Rückzug, Verteidigung des noch Bestehenden beschäftigt? Das sind naheliegende, aber doch recht aussichtslose Strategien.

Wir befinden uns in einem Prozess der Entchristlichung, der nicht aufzuhalten ist. Wer das versucht, hat schon verloren, er gesteht es sich nur noch nicht ein. Einfluss in Politik, Gesellschaft und im Kulturbetrieb, die dominierende Stimme in der Öffentlichkeit? Christliche Werte als Leitwerte? Die Zahl der Konfessionslosen und auch der Andersgläubigen nimmt ständig zu. Das flächendeckende parochiale Netz wird immer dünner. Wir wünschen uns, dass Menschen ihrer Kirche verbunden sind, und sehen seit Jahren Kirchenaustritte auf anhaltend hohem, ja sich beschleunigendem Niveau; wir sehen zunehmend Taufaufschub; wir sehen Traditionsabbruch; wir sehen – siehe die Ergebnisse der 5. Kirchenmitgliedschaftsuntersuchung! –, dass die Zahl der Menschen, auch der Kirchenmitglieder, die der Kirche distanziert gegenüberstehen, ständig zunimmt. Evangelische

Kirche und evangelische Gemeinden – sind wir wirklich noch Volkskirche? Wo sind wir es noch? Das sind ja nur einige Schlaglichter, die mühelos vermehrt werden könnten.

Das Zeugnis der christlichen Gemeinde in einer Gesellschaft, die immer pluraler wird und sich immer mehr von ihren christlichen Wurzeln, von der jahrhundertelangen Verbindung von Thron und Altar, Staat und Kirche entfernt, wird mühsamer, komplexer, schwieriger. Wir spüren, jetzt auch in Deutschland: eine 1700 Jahre währende Verbindung des Christentums mit den Mächtigen, in Folge derer der Glaube selber zum global Player, zur Super-Macht wird, geht zu Ende. Sollen wir dagegen ankämpfen? Sollen wir versuchen, das aufzuhalten? Wie sollte das aussehen, wenn es nicht nur Kampf-Krampf gegen das sein soll, was wir ohnehin nicht stoppen können? Aber was wird dann mit der Kirche? Hat sie noch eine Zukunft?

Ein Prozess der Entchristlichung, der nicht aufzuhalten ist.

Das sind ziemlich anstrengende Fragen. Aber es sind sehr wichtige. Sie beschäftigen nahezu jede lebendige Gruppe von Christen.

Was tun? Wir müssen das tun, was eine evangelische Kirche in Krisensituationen immer getan hat, wenn sie einen evangelischen Weg gesucht hat. Wir orientieren uns am Wort Gottes, wir richten uns neu aus an dem Gott, der uns in Christus persönlich begegnet. Wir nehmen Maß an Christus. Ich möchte Ihnen vorschlagen, auszugehen von dem Christuslied, das uns Paulus in Phil 2 präsentiert. Paulus malt uns in einem atemberaubenden Lied nicht nur Christus vor Augen, er hält ganz offenbar die hier geschilderte Gesinnung und den Weg des Sohnes Gottes für vorbildlich. Ich bin der Überzeugung, dass die Kirche auch, ja gerade heute zu einem glaubwürdigen Zeugnis findet, wenn sie sich an dieses Vorbild hält und sich an Christus orientiert. Ich möchte Sie aber schon jetzt warnen: Was harmlos klingt, könnte ziemlich herausfordernd werden. Ich formuliere sieben Provokationen, die ich sehe.

Maß nehmen an Christus.

1. Wer wissen will, was Kirche ist und wie Kirche aussieht, muss sich eine Geschichte anhören.

So einfach ist das, so schlicht, ja fast banal. Diese Geschichte hat es allerdings in sich:

> *Habt diese Gesinnung in euch, die auch in Christus Jesus war, der in Gestalt Gottes war und es nicht für einen Raub hielt, Gott gleich zu sein. Aber er machte sich selbst zu nichts und nahm Knechtsgestalt an, indem er den Menschen gleich geworden ist, und der Gestalt nach wie ein Mensch befunden, erniedrigte er sich selbst und wurde gehorsam bis zum Tod, ja, zum Tod am Kreuz. Darum hat Gott ihn auch hoch erhoben und ihm den Namen verliehen, der über jeden Namen ist, damit in dem Namen Jesu jedes Knie sich beuge, der Himmlischen und Irdischen und Unterirdischen, und jede Zunge bekenne, dass Jesus Christus Herr ist, zur Ehre Gottes, des Vaters (Phil 2,5-11).*

Ich finde schon die Form, in der uns hier Theologie begegnet, bemerkenswert und vorbildlich. Keine trockene Kirchenlehre. Keine theologische Spekulation. Keine abgehobene Dogmatik. Paulus erzählt eine Geschichte. Er schildert einen Weg. Kirche, Theologie, Hauptamtliche in der Kirche und auch Professoren an den theologischen Fakultäten haben lange Zeit dekretiert und diktiert, deklariert und theoretisiert, was Kirche ist und wie Menschen in der Kirche sich zu verhalten haben. Darüber ist sie zu einer der langweiligsten und unattraktivsten Sachen der Welt geworden, jedenfalls für alle, die etwas erleben wollen, die gestalten wollen, die bewegen wollen. Sie kommen freilich hier, bei diesem Lied, auf ihre Kosten. Kirche der Zukunft tut, was Paulus getan hat: Sie erzählt die Geschichte von der christusförmigen Kirche, die in atemberaubender

Weise unterwegs ist und bewegt wird. Kirche der Zukunft überlegt nicht lange, wie ihre Zukunft aussieht. Sie lässt sich mitnehmen auf diesen Weg des Sohnes Gottes und besteht seine Abenteuer. „Diese Gesinnung sei in euch, die auch in Christus Jesus war!“ Das ist ein Fanal-Satz, ein Final-Satz! Er weist uns den Weg und er weckt uns auf. Eins ist dann sicher. Es wird spannend. Es gibt Aufbruch, wenn wir zum Teil dieser Geschichte werden, die Christus begonnen hat, und wenn wir uns in seine Geschichte hineinnehmen lassen. Dann geht es nicht um trockene Theologie und Lehre, sondern ums Leben.

2. Die Kirche der Zukunft ist eine Kirche, die ihre sicheren Burgen verlässt, die aufbricht und die sich riskiert.

Es ist natürlich möglich, sich hinter den buchstäblich dicken Kirchenmauern zu verschanzen, die Treuen zu sammeln und zusammenzurücken; das Vergangene zu glorifizieren, die Verluste zu bedauern; die Wiederherstellung des Früheren zu fordern; die Zugbrücke hochzuziehen, die Fallgitter herunterzulassen und zu sichern, was noch zu sichern ist; den fremden Geist draußen zu halten und sich in dem zu bestärken, was die immer weniger werdende Gemeinschaft der richtig Gläubigen verzweifelt festhält.

Kirche der Zukunft orientiert sich aber an Philipper 2: Der Sohn bricht auf und er bricht aus, aus der himmlischen Burg göttlicher Herrlichkeit. Der Grund dafür ist offensichtlich, auch wenn er hier nicht eigens genannt wird. Es ist die Liebe zu den Verlorenen, die ihn treibt; zu denen, die eben nicht dabei sind, die fehlen. „Gott gleich zu sein“, das ist für die Antike Inbegriff höchster Lust, das ist Inbegriff von Glück[29]. Dem Sohn Gottes geht es unüberbietbar gut beim Vater. Das ist nicht zu toppen.

Aber genau dieses Glück hält der Sohn nicht wie ein Beutestück, wörtlich: *wie einen Raub*, fest. Er will dieses Glück unbedingter Gottesnähe nicht nur für sich alleine haben.

Hier stehen wir vor dem zentralen Motiv für einen solchen Aufbruch aus den festen Mauern unserer Kirchen. Kirche der Zukunft, Kirche mit Zukunft bricht auf. Sie nimmt Maß am Gottessohn. Ihr fehlen die, die nicht da sind. Sie bleibt nicht genügsam bei sich. Sie hält ihr überkommenes kulturelles Erbe und ihre vertraglich gesicherten Positionen in Staat und Gesellschaft nicht wie einen Raub fest. Sie riskiert sich, indem sie verlässt, was sie kennt, auch sprachlich, auch theologisch, in der Suche nach dem USP, dem *unique selling point*.

Natürlich hätte eine andere Reaktion nahe gelegen: Wenn alles weniger wird, wenn wir überall – quantitativ und qualitativ, bei den Mitgliederzahlen und bei der Bibelkenntnis, bei geistlichem Leben und Verbindlichkeit der Nachfolge – Abbruch und Rückgang beobachten, dann liegt auch der eigene Rückzug nahe. Dann liegt es nahe, dass Sorge und Angst die Verantwortlichen defensiv werden lassen. Dass die Haltung an Boden gewinnt: nur nichts riskieren, was uns im Endeffekt weiter schwächen könnte. Nur keine Experimente. Bleiben beim Bewährten. Nicht mehr weichen! Grenzen ziehen und abschotten. Das ist eine Haltung, die wir querbeet wahrnehmen, in müde gewordenen geistlichen Aufbrüchen wie in Kirchenleitungsgremien, die retten wollen, was noch zu retten ist.

So handelt die Kirche der Zukunft nicht, die Kirche, die Zukunft hat. Sie folgt ihrem Herrn. Wie der Sohn aufbricht aus der sicheren Gemeinschaft mit dem Vater, so bricht sie auf aus der Gemeinde der Frommen. Sie bricht auf aus ihrem selbst geschaffenen kulturellen Getto, aus ihrer „Milieugefangenschaft" (Wolfgang Huber), aus dem Gerüst fester Regeln und Ordnungen, das sich lange Zeit bewährt hat, nun aber nicht mehr Korsett ist, das stützt, sondern zur Korsage geworden ist, die ihr die Luft zum Atmen nimmt. Kirche der Zukunft verlässt die sichere Burg. Sie stellt sich dem frischen Wind einer nicht unchristlichen, aber doch achristlichen, ohne sie gewordenen Leit-Kultur. Sie bricht die Fixierung auf eine traditionsorientiert-konservative Mentalität auf und setzt sich mit einer postmodernen Grundorientierung auseinander, die sie bis dato nur als kulturelle Verfallserscheinung abqualifiziert hat. Sie beteiligt sich nicht am Zeitgeist-Bashing, das unter Konservativen wie Modernen so beliebt ist. Und auch darin orientiert sie sich am Gottessohn, dass sie sich in diese unbekannten, anderen Lebenswelten inkarniert, in ihr heimisch werden und ein Zuhause finden will. Sie hat dabei seltsam wenig Angst, sich zu verlieren. Sie weiß, sie verändert das Leben derer, denen sie begegnet, wenn es denn das Wort Gottes, Christus, ist, der sie treibt; der bei ihr ist und durch sie wirkt.

Kirche der Zukunft verlässt die sichere Burg.

Eine Kirche, die Zukunft hat, erkennt, dass sie Milieukirche ist, und sie ist bereit, dieses Milieu zu verlassen, und sei es noch so himmlisch, noch so warm, so verlockend und heimelig. Denn sie realisiert: Es fehlen ganz viele, die doch eigentlich auch hier sein müssten. Kirche der Zukunft packt wie schon früher eine ganz intensive, bewegte und bewegende Liebe zu denen, die dazugehören, aber nicht da sind. Und sie lässt sich durch diese Wahrnehmung in Bewegung bringen, hin zu denen, die nicht da sind.

3. Die Kirche der Zukunft gewinnt Zukunft, indem sie ihre Identität preisgibt.

Preisgeben der Identität? Geht das? Darf man das fordern? Ist das verantwortlich gedacht? Ist Identität nicht der Schlüsselwert schlechthin, jedenfalls für moderne Menschen? Müssen wir nicht wissen, was wir sind, um zu sein, wer wir sind? Verliert nicht in gefährlicher und gefährdender Weise seine Orientierung, wer seine Identität preisgibt?

Vom Sohn Gottes wird genau das erzählt: Er entleerte sich, heißt es wörtlich in Phil 2. Er machte sich selbst zu nichts. Der Sohn Gottes kommt zu uns, wird einer von uns, inkarniert sich – wie das theologische Fachwort für Weihnachten heißt –, er kommt ins Fleisch, in unser Fleisch, tritt in unser Menschsein ein. Aber dabei kann er nicht bleiben, wie er ist. Er kann nicht mitnehmen, was er ist und wer er war. Sonst könnte er nicht werden wie wir. Er bekommt eine Physis, eine Gestalt, die der Hebräerbrief so beschreibt: *Er ist in allem versucht worden wie wir* (Hebr 4,15). Der Sohn Gottes lernt kennen, was es heißt, ein Mensch zu sein; er erlebt am eigenen Leib, was es bedeutet, als Mensch zu leben. Hebr 5,7 steht: „Der Sohn Gottes hat in den Tagen seines irdischen Lebens Bitten und Flehen mit lautem Schreien und mit Tränen dem dargebracht, der ihn vom Tod erretten konnte." Hier erinnert der Hebräerbrief an Gethsemane, an die Passion, in der Jesu Leben gipfelt. Der Sohn Gottes wechselt nicht nur das Hemd, indem er einer von uns wird. Macht, Ehre, Ansehen, Autorität bleiben zurück.

Der Sohn Gottes entleerte sich, machte sich selbst zu nichts.

Kann man so ein Verfahren empfehlen? Ist das nicht hochriskant? Die Antwort ist: Nur so kommt man ans Ziel.[30] Nur so kann man kommunizieren. Nur so kommt man in Kontakt mit dem, was wirklich anders und fremd ist. Wenn ich bei mir bleibe, bleibe ich dem anderen fremd. Wenn ich den anderen gewinnen will, muss ich hinein in sein Leben; muss ich seine Lebensverhältnisse teilen, in seine Lebenswelt eintreten, unter seiner Schwelle hindurchgehen.

Nur, dann geht eben manches nicht mehr. Und genau davor haben ja ganz viele ziemlich viel Angst. Wenn wir uns wirklich einlassen würden, dann würden wir ja vielleicht doch merken, dass unsere Vorstellungen vom Leben, auch vom richtigen Leben, vom geistlichen Leben und wie man es richtig führt, ziemlich lebensfern sind, manchmal auch ein bisschen selbstgerecht. Dann könnte ja letzten Endes das eigene Selbstkonzept brüchig werden, ins Rutschen kommen. Kirche der Zukunft theoretisiert nicht, sie lässt sich konkret ein. Sie weiß nicht abstrakt über die Verhältnisse Bescheid. Sie *lernt* sie kennen. Sie steckt drin, wird selber ausgebremst, hält aus, erleidet, wie mühsam das Leben sein kann, wie nahe das Scheitern liegt, wie viel Kraft nötig ist und Rückgrat, das oft nicht da ist, und wie viel Liebe, um hier auszuhalten. Und dann wird sie barmherzig und verliert die Lust zu urteilen. Sie verändert sich.

Sie hat einfach nur den Wunsch zu helfen; sie weiß auch nicht mehr so genau, wie, nachdem ihre Patentrezepte reihenweise an der Wirklichkeit zerbrochen sind. Sie weiß nur: Sie braucht mehr Liebe, will mehr Liebe, will barmherzig sein.

Obwohl er der Sohn war, heißt es Hebr 5,8, *lernte* er an dem, was er litt. Kirche der Zukunft ist genau dazu bereit: Zu lernen, kennenzulernen. Wissen ist eine Sache, und natürlich weiß der Sohn alles. Aber Kennenlernen, erkennen, was etwas bedeutet, berührt werden, das ist etwas anderes. Und das ist genau die Art, wie man nach Paulus erkennen soll: in der Begegnung, im Sich-Einlassen, im Gegenüber, in der Beziehung, die Urteil und Verurteilung unmöglich macht – „Die Erkenntnis bläht auf; aber die Liebe baut auf. Wenn jemand meint, er habe etwas erkannt, der hat noch nicht erkannt, wie man erkennen soll" (1Kor 8,1f). Wir zitieren noch einmal den Hebräerbrief:

Der Sohn *lernte* an dem, was er litt.

> *„Denn wir haben nicht einen Hohenpriester, der nicht könnte mit leiden mit unserer Schwachheit, sondern der versucht worden ist in allem wie wir, doch ohne Sünde. Darum lasst uns hinzutreten mit Zuversicht zu dem Thron der Gnade, damit wir Barmherzigkeit empfangen und Gnade finden zu der Zeit, wenn wir Hilfe nötig haben" (Hebr 4,15f).*

Dass wir einen barmherzigen Hohenpriester haben, ist eben genau darin begründet, dass Christus selber unsere Lebensverhältnisse kennengelernt und an ihnen gelitten hat.

Barmherzigkeit war schon immer verdächtig; sie galt schon immer als gefährlich. Wo kommen wir denn da hin, wenn nicht mehr Gerechtigkeit zählt, sondern Barmherzigkeit? Barmherzig-Sein unterläuft die festen, strengen, allgemein geltenden Regelungen. Barmherzigkeit ist subversiv, weil auch sie – aus Liebe – Identität auflöst; weil sie nicht mehr urteilen kann und mag, wie der Menschensohn-Weltenrichter in Johannes 8. Die in flagranti beim Ehebruch ertappte Frau spricht er frei mit den Worten: „So verurteile auch ich dich nicht“ (Joh 8,11).

Wer sich wie der Menschensohn einlässt, dem gerät einiges ins Rutschen. Feste Orientierungen, Vorstellungen davon, wie die Welt funktioniert und wie die Kirche zu sein hat. Kirche der Zukunft definiert sich nicht mehr. Sie gewinnt Identität nicht mehr, indem sie sich abgrenzt. Sie trennt sich allein von ihrer Abgrenzungskultur. Sie trennt sich nicht mehr von der bösen und schlechten Welt.

4. Die Kirche der Zukunft verzichtet auf alle Selbstbehauptung.

Kirche der Zukunft ist auf dem Markt. Sie hat kein Wahrheitsmonopol mehr. Sie verzichtet auf den alten Habitus, die Wahrheit zu besitzen und anderen zu dekretieren, wie sie richtig zu denken und zu leben haben.

Inmitten eines postmodernen Wahrheitspluralismus gewinnt Kirche der Zukunft dadurch Glaubwürdigkeit, dass sie auf Wahrheitsproklamationen verzichtet. Wenn es nicht nur eine Wahrheit gibt, sondern viele; wenn jedes Individuum das Recht auf seine Wahrheit hat, ja sich selbst seine Wahrheit ist, dann wäre es ja ein übergriffiger Akt der Dominanz, anderen die Wahrheit verkünden zu wollen, die für alle gilt. Wohlgemerkt: Wir verzichten nicht auf die Wahrheit; wir geben das nicht auf, was unser Leben hält und unsere tiefste Überzeugung ist: dass Jesus Christus die

Wahrheit, die eine und einzige ist. Aber wir verzichten auf Weisen der Vermittlung, die im postmodernen Kontext nur missverstanden werden können.

Die Postmoderne ist mit Recht kritisch und zurückhaltend geworden gegenüber allen, die das große Wort Wahrheit in den Mund nehmen und vor sich her tragen. Eine Proklamation der Wahrheit bedeutet doch, dass einer versucht, andere unter seine Flagge zu bringen, und dass jemand, der doch auch nur eine, *seine*, Wahrheit hat, versucht, diese für alle verpflichtend zu machen. Die Postmoderne weiß: Solche Wahrheitsbehauptungen sind nichts anderes als verkappte Selbstbehauptungen. In des Wortes doppelter Bedeutung: Jemand behauptet – scheinbar – etwas, de facto geht es ihm aber nur darum, seine auch nur individuellen, persönlichen Sichtweisen durchzusetzen. Postmoderne Zeitgenossen riechen das schon von ferne, und sie reagieren darauf allergisch. Die Kirche der Zukunft setzt sich diesem Verdacht, andere dominieren und manipulieren, für die eigene Sache gewinnen zu wollen, gar nicht erst aus. Sie hat das auch nicht nötig. Sie muss ja gar nicht wahr, nicht richtig sein. Sie muss sich nicht selbst behaupten. Auf sie kommt es doch gar nicht an. Sie behauptet ja nicht sich selbst. Sie behauptet ja nur Christus. Er ist ihr wichtig. Ihn stellt sie ins Schaufenster.

Die Kirche der Zukunft verzichtet auch darauf, sich selbst zu verteidigen. Sie ist nicht mehr vor allem mit sich selbst beschäftigt, mit ihren Reformen, ihren Ressourcen, ihren Regeln, und auch nicht mit ihrer Attraktivität und gesellschaftlichen Akzeptanz.

Und genau diese Lockerheit, diese Gelassenheit, dieser Verzicht auf Selbstbehauptung, dieses nichts Sein-Müssen, macht sie attraktiv und interessant. Es lässt Menschen neugierig werden, was denn wohl hinter dieser Kirche steht.

Wir leben in einer Zeit, die inflationär Worte und Botschaften hervorbringt. Die Kirche der Zukunft macht nicht bloß Worte; sie *ist* die Botschaft, oder sie macht nur Worte und hat keine Zukunft. Worte hat sie in ihrer Geschichte genug gemacht. Es braucht glaubwürdige Lebensgestalten, die illustrieren, an wen sie glaubt und auf wen sie hofft. Es braucht ein „frag-würdiges" Leben, das andere provoziert, wissen zu wollen, welche Überzeugungen denn solche Lebensgestalten hervorbringen.

Kirche der Zukunft lebt aus empfangener Liebe, erfahrener Barmherzigkeit, realisierter Vergebung und unbedingter Annahme.

Die Menschen, die sich zu ihr zählen, können erzählen, warum Gott sie liebt; sie haben Vergebung erlebt und wissen, wie sie ein Leben verändern kann; sie haben es tausendmal durchbuchstabiert und sind sich jetzt dessen endlich sicher: Gott nimmt sie tatsächlich unbedingt an, so wie sie sind. Sie wissen und können es sich eingestehen: Wenn Gott nicht barmherzig wäre, könnten wir nicht leben, jedenfalls nicht mit ihm zusammen leben, und eigentlich auch nicht mit uns selbst. Das macht diese Menschen demütig, aber eben auch gelassen und unendlich frei. Sie müssen sich und anderen nichts mehr beweisen. Sie können sein, wie sie sind. Und das macht Kirche der Zukunft zunehmend fähig, auch mit anderen auszukommen. Es macht sie tolerant, duldsam, langmütig, freundlich.

Kirche der Zukunft behauptet Wahrheit nicht, sie lebt aus der Wahrheit.

Um es auf einen theologischen Begriff zu bringen und auf Nummer sicher zu gehen (Theologen brauchen das, sie fühlen sich sonst oft unsicher): Kirche der Zukunft behauptet Wahrheit nicht, sie lebt aus der Wahrheit (vgl. 2. Joh und 3. Joh), sonst macht sie nur Worte, und die kann niemand mehr hören.

5. Die Kirche der Zukunft ist mobile und flexible Kirche.

Sie nimmt Maß an dem Gott, der in einem fort unterwegs ist, zu uns, mit uns, der sein Volk Israel begleitet in einem transportablen Heiligtum, der Mensch wird; der noch nicht einmal ein Haus hat, sondern unter uns „zeltet“ (Joh 1,14); der sich ständig ändert, um bei uns zu sein und sich auf uns einzustellen (Dan 2).

Die Kirche der Zukunft verlässt ihre Bilder von Kirche; ihre Bilder davon, wie Kirche sein soll/ihrem Wesen nach ist. Sie richtet ihre Ekklesiologie aus an dem Gott, der bei den Menschen sein will. Denn durch sie, das ist ihr Daseinszweck und ihre einzige Legitimation, will Gott bei den Menschen sein.

Sie vollzieht eine fundamentale Wende, die wir in ihrer Bedeutung gar nicht genug betonen können: weg von der traditionellen Komm-Struktur und ihrer Erwartung, die Leute sollen und müssen ja bloß in die Kirche, zu ihr, kommen. Hin zur Geh-Struktur, hin zur „Wir-gehen-hin-Haltung“. Wenn für viele Menschen Kirchengebäude und Gemeindehäuser Unorte sind, wenn es viele Lebenswelten kennzeichnet, dass Kirche der Ort ist, wo man selbst garantiert nicht zu finden ist, wenn die Menschen also nicht zu ihr kommen, wenn nur 4% in die sog. Hauptveranstaltung kommen, dann macht sie es eben genauso wie ihr großes Vorbild und geht eben hin zu den Leuten. Kirche der Zukunft verfährt nicht mehr nach dem Motto: „*Wer nicht will, der hat schon. Wir machen ja Kirche für alle, du bist selbst schuld, wenn es dir nicht passt.*“

Kirche der Zukunft achtet die kulturellen Barrieren und lebensweltlichen Schwellen, die vor allem modern und postmodern eingestellten Menschen schon auf der Ebene der Alltagsästhetik den Zugang erschweren oder verstellen. Salzstangen und Apfelschorle, das ist nicht meine

Welt; Würstchen mit Kartoffelsalat auch nicht. Da muss ich gar nicht überlegen. Hier gehöre ich nicht hin. Cocktail und Sushi – das wäre schon etwas anderes.

Sie ist auch darin demütige, dienemütige Kirche. Sie realisiert, dass es nicht reicht, Kirche, Gemeinde, Gottesdienst zu optimieren, etwas gemütlicher zu machen, Programme noch attraktiver anzulegen, noch mehr und anderes „anzubieten“. Weil sie bei den Menschen ist und mit ihnen unterwegs ist, weiß sie, dass Menschen auf völlig unterschiedliche Weise für Partizipation geworben werden wollen. Manche wollen gar keine „Angebote“, manche wollen schlicht mittun, selber machen; nicht passiv dasitzen, sondern gestalten. Nicht nach Regeln agieren, sondern selber Regeln machen; nicht vorhandene Räume füllen, sondern neue Räume schaffen.

Die Kirche der Zukunft denkt von den Menschen her.

Die Kirche der Zukunft denkt von den Menschen her. Sie macht nicht sich, ihre Traditionen, Gegebenheiten, Regeln und Interessen zu Norm und Ausgangspunkt.

Die Kirche der Zukunft verzettelt sich geradezu. Sie ist Salz, das gerade dadurch wirkt, dass es nicht zusammenklumpt, sondern sich auflöst.

Sie ist Kirche am Sonntag und an Werktagen, feiert Gottesdienst in der Kirche und in der Kneipe, im Wald und auf der Messe, bei Sportveranstaltungen und im Viersternehotel, auf dem Campingplatz und im Friedhofscafé. Sie kennt nur eine Regel: Sie ist da, wo die Menschen sind. Und natürlich kann das nicht alles der arme Pastor oder die Pfarrerin. Die hat sie schon lange entlastet. Die sind nur dazu da, den Überblick zu behalten. Als Pluralitätsmanager gucken sie, dass Kirche in möglichst vielen Lebenswelten präsent ist und Milieuverengungen überwindet. Darum ist sie Kirche auch an anderen, an ganz anderen, an unkirchlichen Orten und zu ganz unkirchlicher, unchristlicher Zeit. Sie ist Kirche, die einerseits ortsfest ist und andererseits an ständig wechselnden Orten. Da sie das nicht alles alleine stemmen kann, spricht sie sich selbstverständlich mit anderen ab und sieht es als gemeinsame Aufgabe, in allen Lebenswelten, auch noch den kirchenfernsten, sprich: kirchengemeindefernsten, dem Evangelium eine konkrete Gestalt zu geben. Sie ist Kirche für die, die sich ernsthaft und intensiv engagieren wollen, und für solche, die mal erst schnuppern und einen Teilbereich von Kirche kennenlernen wollen. Man kann in sie eintreten, auf Zeit und vielleicht nur für einen bestimmten Bereich.

Sie ist Kirche, die Phasen der Annäherung und der Distanz ermöglicht, ja für selbstverständlich hält und Mitgliedschaft auf Probe anbietet. Sie ist so offen, dass sie eigentlich schon nicht mehr dicht sein kann. Und das spüren die Menschen.

Es kann nicht darum gehen, das parochiale, flächendeckende und ortsgemeindliche System zu ersetzen, sehr wohl aber zu fragen, wie es ergänzt werden kann. Wenn es sehr viele Menschen gibt, die durch diese Struktur und die gegebenen kirchlichen Angebote nicht erreicht werden, dann müssen wir uns fragen, welche Gestalt Kirche zusätzlich und ergänzend gewinnen kann. Die Konstanz von Ort, Zeit und Dauer sind Merkmale einer langen und lange vergangenen Zeit, in der die Lebensumstände sehr vieler Menschen durch genau diese Konstanzen und Kontinuitäten geprägt waren. Heute ist es fast ein Privileg, so leben zu dürfen, und wir stoßen auf biografische Brüche, konkret: Umzüge, Trennungen, Patchworkbiografien, die das kirchlich Gegebene und als normal Unterstellte als unrealistisch erkennbar werden lassen. Mitarbeit in der Kirche als Gemeindekirchenrat für sechs Jahre? So lange werde ich doch voraussichtlich gar nicht hier leben. Will man mich dann überhaupt in dieser Kirche, wenn man solche Regeln hat?

Können wir Kirche auch anders denken denn als Institution auf Dauer, orts- und zeitfixiert? Kann es auch Kirche bei Zeit und bei Gelegenheit geben, für einen bestimmten, zur Verfügung stehenden Zeitraum? Darf es Kirche geben, die den Ort wechselt, mit den Menschen zieht? Ist Kirchenmitgliedschaft immer für die Ewigkeit? Kann man da auch mal schnuppern? Gibt es sie zur Probe?

Wir geben unsere angestammte, gewordene Identität auf, wenn wir so etwas probieren – aber geben wir Kirche auf? Wir verlassen eine historisch gewachsene Form von Kirche, aber wir sind damit näher bei den Menschen, vor allem solchen, die mit der traditionellen, herkömmlichen Form kirchlichen Lebens nichts oder nur wenig anfangen können. Und wir folgen damit dem Weg des Christus.

6. Die Kirche der Zukunft gibt dem Menschen absolute Bedeutung.

Geistliche Tätigkeit muss uns nutzen, muss unserer Institution, unserer Einrichtung nutzen. Es geht nur in zweiter Linie um die Menschen. Sie kennen das: warum Jugendarbeit? Die jungen Leute ziehen ja doch weg und unsere Gemeinde guckt in die Röhre. Die Jugend ist also an sich gar nicht wichtig. Eigentlich geht es um meine Kirche. Das ist das Negativbeispiel. Es gibt das natürlich auch in dezenterer, subtilerer Form: Eine Gemeinde verteilt an heißen Tagen kühles Wasser in Bechern, auf denen neben einem Bibelspruch auch Name und Adresse der Gemeinde zu finden sind …

Vor allem postmoderne Zeitgenossen, aber doch nicht nur sie, sind sensibel für solch eine Strategie und reagieren avers auf jeden Versuch, für die Wahrheit oder die Zwecke anderer gewonnen zu werden. Wir wollen nicht instrumentalisiert werden. Dafür sind wir uns zu schade und zu wertvoll. Wir wollen um unserer selbst wertgeschätzt werden. Natürlich wollen wir beschenkt werden. Aber wir trauen dem Braten nicht. Wir vermuten – im Regelfall zu Recht – im ausgelegten Köder den verborgenen Haken, mit dem uns jemand angeln will. Es geht um Wahrheit, die Wahrheit, die mir jemand umsonst offenbaren will? Wirklich? Geht es nicht nur darum, dass jemand Proselyten machen und andere unter seine Fahne bekommen will, um sie hernach zu beherrschen?

Der Kirche der Zukunft gelingt zweckfreie Zuwendung. Sie folgt dem Sohn Gottes, für den der Mensch das letzte Ziel der Wege Gottes ist. Jesus begegnet dem reichen Jüngling, tritt in ein theologisches Gespräch mit ihm ein, bemüht sich um ihn. Aber der junge Mann ist nicht bereit. Was tut Jesus? Wendet er sich enttäuscht ab? Verurteilt er den Mann? Ärgert er sich über das unnütze Engagement, das ja nicht zum Ziel geführt hat? Er respektiert die Haltung seines Gegenübers; er lässt ihn ohne Weiteres ziehen und – er liebt ihn (Mk 10,17-27).

Zweckfreie Zuwendung!

Jemanden nicht gewinnen und doch lieben, das kann man nur, wenn es von vornherein um den Respekt vor der Freiheit des anderen geht, um die Achtung seiner Würde als eigenständiges Individuum, also um ihn selbst. Wir kennen das als Eltern: Lieben wir den Sohn auch dann noch, wenn er nicht das tut, was wir ihm vorgegeben oder, in späteren Zeiten, geraten haben? Geht es uns um ihn oder darum, dass er tut, was wir ihm sagen?

Die Kirche der Zukunft reagiert nicht avers auf einen angeblich vom Zeitgeist übersteigerten Individualismus und eine daraus resultierende unüberschaubare Pluralität. Sie beteiligt sich nicht an der so beliebten Kulturkritik an der so unchristlichen Postmoderne. Das Individuum ist etwas Absolutes? Die Kirche der Zukunft sieht keinen Anlass, diese Einsicht des späten Nietzsche empört im Namen des christlichen Glaubens zurückzuweisen. Ist der einzelne Mensch nicht so, wie er ist, das letzte, unüberbietbare Ziel der Wege Gottes? Ist er nicht unüberbietbar wichtig? Kommt ihm nicht ganz offenbar absolute Bedeutung zu, wenn der lebendige Gott ihn so liebt, dass er sein Leben für ihn einsetzt und es dabei sogar verliert? Kann man höher über den Menschen denken? Kann man ihn mehr schätzen?

Die Kirche der Zukunft lässt sich an Wertschätzung des Einzelnen und in der Konsequenz der Pluralität der Lebensverhältnisse von niemandem überbieten. Sie behandelt jeden Menschen als einen individuellen, unverwechselbaren, einzigartigen Gedanken Gottes. Die Kirche der Zukunft macht sich damit nicht unbedingt beliebt bei denen, die den Wert des Menschen an seiner Leistungsfähigkeit, seinem Können und seinen Kompetenzen, seiner Jugendlichkeit und seiner Stärke messen. Genau das macht ihre kritische Wirkung in einer ökonomisierten Gesellschaft aus, die den Menschen immer mehr verzweckt.

7. Die Kirche der Zukunft ist eins in der Vielfalt.

Kirche der Zukunft zeigt, was es heißt: „Wir sind eins". Nicht eins durch Monokultur, Uniformität, Einförmigkeit, Eintönigkeit. Einigkeit nicht dadurch, dass eine im Regelfall bürgerlich-konservative oder sozialökologisch-grüne Gesinnung den Takt vorgibt und den Taktstock schwingt und die Menschen auf Vordermann bringt.

Nein, wir sind eins in unserer Vielfalt, in der Akzeptanz von Gegensätzen, die uns nicht zerreißen, sondern bereichern. Wir sind eins trotz der Unterschiede, die wir gar nicht beseitigen wollen, die vielmehr die Attraktivität der Kirche mit Zukunft ausmachen und Andockmöglichkeiten bis tief in die säkulare Gesellschaft hinein bedeuten. Wir sind eins nicht in der bloßen Addition von Gegensätzen, die wir doch nicht aushalten und auch nicht aushalten wollen.

Gemeinsame Loyalität zu Christus über Kulturen und Lebenswelten hinweg

Die Kirche der Zukunft ist pluralitätsfähig. Sie ist plural, nicht weil sie Pluralität und Toleranz befiehlt oder die Einheit der Vielen und Vielfältigen nur beansprucht, nicht aber realisiert.

Die Kirche der Zukunft ist plural und eins, weil sie wiederentdeckt, welche verbindende Kraft die gemeinsame Loyalität zu Christus über Kulturen und Lebenswelten, Gesellschaftsschichten und Mentalitäten hinweg hat:

Die Kirche der Zukunft lebt aus dieser gemeinsamen, verbindenden Loyalität. Kirche mit Zukunft ist beides: plural und konzentriert, vielgestaltig und hingerichtet auf die gemeinsame Mitte, der sich alle aus unterschiedlichen Richtungen, auch von gegensätzlichen Positionen aus, in unterschiedlichem Tempo und aus unterschiedlicher Distanz nähern.

Kirche mit Zukunft erlebt, wie die unterschiedlichen Prägungen das Evangelium ganz unterschiedlich erschließen; wie unterschiedliche Milieus ganz unterschiedliche, vielleicht lange vernachlässigte Dimensionen des Evangeliums zum Leuchten bringen. Kirche der Zukunft ist reiche Kirche, in der viele Heimat finden können.

Kirche der Zukunft ist eine fromme und zugleich profane Kirche. Je mehr dieser eine, Jesus, bei ihr und für ihre Mitläufer im Mittelpunkt steht, je mehr er präsent ist, seine Gegenwart bestimmend wird, umso fokussierter und zugleich freier wird sie von sich selbst, umso weniger können in ihr Prägungen dominieren und umso offener und konzentrierter wird sie.

Die Kirche mit Zukunft definiert sich nicht – sie lebt nicht davon, dass sie Grenzen zieht. Sie lebt nur von Christus, oder sie lebt nicht. Sie weiß: Wenn er sie nicht belebt und erhält, dann ist sie nicht mehr Kirche, und dann braucht es sie auch nicht mehr.

Natürlich kann und wird noch viel passieren. Natürlich gibt es keine Bestandsgarantie für bestimmte Formate von Kirche, die ja selber auch historisch geworden sind. Aber dennoch dürfen wir gewiss sein: Kirche wird nicht untergehen. Die Sache Jesu wird weitergehen, bis er am Ende selber kommt.

Für Kirche und Christen bedeutet das: Wir können nicht verlieren. Wir dürfen etwas, wir können sogar uns riskieren, weil wir wissen: Wir können nur gewinnen. Wir werden gewinnen. Theologisch korrekt: Gott selber wird seine Friedensherrschaft durchsetzen. Wir dürfen es als Kirche und Christen hoffen, begründet hoffen: Wir gehen zu auf einen letztendlich guten Ausgang dieser Welt, auf das endliche Offenbarwerden eines gerechten, barmherzigen Gottes, der seinem Wesen nach Liebe ist und vor dessen Heiligkeit all das nicht bestehen kann, was lebensfeindlich ist, was Leben bedroht, einschränkt, vernichtet. Höchste Zeit, das eschatologische Büro wieder zu öffnen!

Zum Schluss

Kein Happy End, aber eine belastbare Hoffnung

Das Konstantinische Zeitalter geht zu Ende.

Das Konstantinische Zeitalter geht allem Anschein nach auch in Deutschland zu Ende. Christliche Überzeugungen, gar Glaubensüberzeugungen gelten nicht mehr selbstverständlich. Christliches Ethos wird nicht mehr allgemein geteilt. Privilegien der großen christlichen Religionsgemeinschaften fallen weg, Monopole werden angefochten. Bleibend hohe Kirchenaustrittszahlen sind nur die Spitze des Eisbergs. Die ganze – recht unscharf als Säkularisierungsprozess gefasste – Entwicklung ist trotz aller Anstrengungen nicht aufzuhalten, und das macht es so ermüdend. Ein depressiver Grundtenor ist an vielen Orten die Folge. Retten, was zu retten ist; klammern an dem, was man noch festhalten kann! Und als Konsequenz vielerorts ein enormes Sicherheitsdenken, mangelnde Flexibilität, kaum Kraft und Wille zum Aufbruch.

Aber ist dieser Prozess, dieser Epochenbruch, den wir miterleben und mitgestalten dürfen, wirklich nur Problem oder ist er auch Chance?

Die 5. Kirchenmitgliedschaftsuntersuchung belegt nicht nur Traditionsabbruch und Entchristlichung der Gesellschaft. Sie zeigt eben auch, dass der Prozentsatz derer, die ihrer Kirche verbunden oder hochverbunden sind, noch nie so hoch war – und das gegen den Trend, im Prozess der

Verabschiedung des Konstantinischen Zeitalters oder, wie man in Großbritannien sagt, des Postchristendoms. Man muss diesen Sachverhalt richtig würdigen. Christlicher Glaube ist heute eben nicht mehr die selbstverständliche Mainstreamreligion, der man anhängen muss, wenn man dazugehören und etwas werden will. Religion ist in einer multireligiösen, religionspluralistischen Gesellschaft Gegenstand der Wahl. Sie ist Option. In vielen Milieus muss man sich heute dafür rechtfertigen, wenn man zur Kirche gehört. Ausgerechnet in diesem gesellschaftlichen Kontext zeigt sich ein Grad von Verbundenheit, eine Bereitschaft zur Mitarbeit, eine Nähe zur Kirche, wie sie nie zuvor festgestellt wurde. Als wenn das nicht ein Zeichen der Hoffnung wäre!

Hier deutet sich an, was viele wissen und spüren: Der mit Recht wahrgenommene Traditionsabbruch beinhaltet auch die Riesenchance, dass Menschen dem Evangelium neu, unverstellt begegnen und von ihm ganz anders getroffen werden. Wie oft können wir die öffentliche und gesellschaftliche Präsenz nicht mehr substanziell füllen, etwa im Bereich der Diakonie, manchmal auch an den Schulen und in den Kindergärten. Ist es falsch, über Prozesse der Konzentration nachzudenken? Manchmal hat das Zeichenhafte, das herausragt, mehr Signalwirkung als das, was scheinbar selbstverständlich ist und nur wenig Kontur zeigt. „Kirche der Freiheit", das große Reformprogramm der Evangelischen Kirche in Deutschland, sprach von der Bedeutung von Leuchtfeuern und Leuchttürmen, die ausstrahlen und Ergebnis einer Konzentration sein können.

Nach Konzentration, Fokussierung und Purifizierung wird das, was Kirche ist, noch viel heller und konturierter leuchten können.

Wie gehen wir miteinander um?

Entscheidend ist: Wie gehen wir miteinander um, wie sehen wir einander, wie sehen wir andere Menschen an? Friedrich Nietzsche gebraucht den Begriff der Interpretation, um als Philosoph zu kennzeichnen, wie wir als Menschen miteinander umgehen. Interpretation ist bei Nietzsche ein gewaltsamer Vorgang, in dem wir anderes auf unseren Begriff bringen, es so lange „interpretieren", bis es passt: „In Wahrheit ist Interpretation ein Mittel [...], um Herr über etwas zu werden."[31] Denn Interpretation ist in aller Regel „Vergewaltigen, Zurechtschieben, Abkürzen, Weglassen, Ausstopfen, Ausdichten, Umfälschen [...]"[32]. Nietzsche kennt nur eine Ausnahme. Jesus ist nach Nietzsche nicht nur der, der auf alle Begriffe, alle gewaltsamen Interpretationen anderer verzichtet. Es gibt – einzig bei Jesus – eine ganz spezielle Form der Interpretation, die das Gegenteil von dem geschilderten Gewaltakt bedeutet.[33] Jesus gibt, so Nietzsche, dem Leben der kleinen Leute, er gibt „gerade diesen Leuten eine Interpretation [...]", „vermöge derer es vom höchsten Werte umleuchtet scheint, sodass es nunmehr zu einem Gut wird, für das man kämpft und, unter Umständen, sein Leben lässt."[34] Auch das ist Interpretation: Menschen daraufhin anschauen, „was für ein Wert" ihnen „innewohne". Dieses Verstehen macht nach Nietzsche das „Genie" Jesu aus.

Wir haben schon gewonnen. Wir denken und leben vom Ziel her!

Der erste Johannesbrief formuliert es für unsere Ohren fast etwas triumphalistisch: Das ist der Sieg, der die Welt überwunden *hat*: unser Glaube! (1Joh 5,24). Wir stehen auf der Seite des endzeitlichen Siegers, dessen, der sich am Ende durchsetzen wird. Und der macht nicht nur Worte, der hat bereits gezeigt, was er kann und dass er das kann: eine neue Welt, neues Leben, Aufrichten seines Friedens und seiner Gerechtigkeit. Genau dafür steht sein Handeln, sein Vorweg-Handeln an dem einen, an Jesus, dem Erstling, dem Ersten der Auferstandenen.

Natürlich kann und wird noch viel passieren. Natürlich gibt es keine Bestandsgarantie für bestimmte Formate von Kirche, die ja selber auch historisch geworden sind. Aber dennoch dürfen wir gewiss sein: Kirche wird nicht untergehen. Die Sache Jesu wird weitergehen, bis er am Ende selber kommt.

Für Kirche und Christen bedeutet das: Wir können nicht verlieren. Wir dürfen etwas, wir können sogar uns riskieren, weil wir wissen: Wir können nur gewinnen. Wir werden gewinnen. Theologisch korrekt: Gott selber wird seine Friedensherrschaft durchsetzen. Wir dürfen es als Kirche und Christen hoffen, begründet hoffen: Wir gehen zu auf einen letztendlich guten Ausgang dieser Welt, auf das endliche Offenbarwerden eines gerechten, barmherzigen Gottes, der seinem Wesen nach Liebe ist und vor dessen Heiligkeit all das nicht bestehen kann, was lebensfeindlich ist, was Leben bedroht, einschränkt, vernichtet. Höchste Zeit, das eschatologische Büro wieder zu öffnen!

Ich rede nicht von einem Happy End nach Hollywood-Manier, nach dem man sich verstohlen die Augen wischt. Ich rede davon, dass Kirche und Christen für diese Welt den Sieg Gottes erwarten und dass diese Hoffnung sie belastbar macht. Und ist es nicht das, was Verantwortungsträger in Politik und Gesellschaft von uns erwarten: dass wir selber getragen von einer solchen Perspektive solche belastbaren, mittragenden Hoffnungsträger sind?

Anmerkungen

1 Heinzpeter Hempelmann, Warum die Kirche keine Zukunft hat. 11 Provokationen. Theologische Beiträge 51 (2020), Nr. 6, S. 440-456. *Vgl. zum Folgenden auch: H. Hempelmann: Sieben Gründe, warum diese Kirche keine Zukunft hat. Acht Perspektiven, wie diese Kirche Zukunft gewinnen kann, in: Emilia Handke/Kristin Jahn (Hrsg.): Risse und Glanz. Röntgenbilder einer Kirche, hg. von, Altenburg 2022, (9-28) 9-16.*

2 Thies Gundlach: Handlungsherausforderungen, in: Engagement und Indifferenz. Kirchenmitgliedschaft als soziale Praxis. V. EKD-Erhebung über Kirchenmitgliedschaft, Hannover 2014, 128-132.

3 https://www.ekd.de/ekd_de/ds_doc/projektion-2060-ekd-vdd-factsheet-2019.pdf, Zugriff am 20.10.2022.

4 https://www.sinus-institut.de/sinus-milieus/sinus-milieus-deutschland, Zugriff am 20.10.2022.

5 W. Huber: „Du stellst unsere Füße auf weiten Raum". Rede zur Eröffnung der Zukunftswerkstatt am 24. September 2009 in Kassel, dokumentiert in: ThBeitr 41 (2010; Heft 1), 68-78, 2009.

6 Hier ist direkt die Frage der Ressourcenverteilung und Ressourcengerechtigkeit tangiert. Wenn der überwiegende Teil der Finanzmittel der Kirche in die Erhaltung des kirchengemeindlichen Lebens fließt (inkl. Gemeindepfarramt etc.), dann werden hier v.a. zwei Milieus „bedient" und massiv bevorzugt (das traditionelle Milieu und das nostalgisch-bürgerliche Milieu).

7 Michel Foucault: Die Heterotopien/Der utopische Körper. Zwei Radiovorträge, zweisprachige Ausgabe, Frankfurt a.M. 2005; ders.: Andere Räume (1967), in: Karlheinz Barck (Hg.): Aisthesis: Wahrnehmung heute oder Perspektiven einer anderen Ästhetik. Essais. 5., durchgesehene Auflage Leipzig 1993. Vgl. zur Auswertung und den

Konsequenzen: Heinzpeter Hempelmann u.a. (Hg.): Handbuch Milieusensible Kommunikation des Evangeliums. Reflexion, Dimension, praktische Umsetzung, Kirche und Milieu, Göttingen 2020, 162-182, 316-343.

8 Erik Flügge: Eine Kirche für viele statt heiligem Rest, Freiburg/Basel/Wien 2018, 17ff.

9 Dabei geht es nicht darum, dass Singen in Pandemiezeiten „gefährlicher" ist als shoppen. Die Aufenthaltszeit und die Personendichte in den gut besuchten Märkten dürfte ein ähnliches Gefährdungspotenzial haben wie ein Gottesdienst einer kleineren Schar in einem ohnehin zu großen Kirchenraum. Freikirchen und Künstler machen es ja vor, wie man für seine Anliegen lieber Freiräume sucht, entdeckt und ausschöpft, als Grenzen einzuhalten und noch zu schärfen.

10 Verschiedene Systeme und ihre wissenschaftlichen Repräsentanten stiften verschiedene Perspektiven auf die Wirklichkeit und konstituieren unterschiedliche Räume, die sie gleichzeitig auch zur Geltung bringen. Der Medizin ist dies gelungen, auch der Wirtschaft, der Theologie mit ihrem eher seelsorgerlichen Anliegen eher nicht. Wo war der stellvertretende Aufschrei für Hunderttausende alter und pflegebedürftiger Menschen, die sich durch monatelange Isolation einer massiven Verschlechterung ihrer Krankheit (etwa Demenz) ausgesetzt sahen? Das weitgehende Versagen in der Corona-Krise ist hier Indiz für die gesellschaftliche Rolle, die sich die Kirche zuweisen lässt und die sie systemtheoretisch einnimmt.

11 Nicht der ethische Anspruch ist das Problem, sondern die Ambiguität und Gespaltenheit in Theorie und Praxis, in der dieser erscheint und die ihm die normative Kraft nimmt.

12 Vgl. jüngst Felix Bohr: Die Sündenfälle, Der SPIEGEL 7.7.2020.

13 Etwa: Jürgen Habermas: Glauben und Wissen. Friedenspreis des Deutschen Buchhandels 2001, 2001, 9-31; ders.: Ein Bewusstsein von dem, was fehlt, in: M. Reder/J. Schmidt: Ein Bewusstsein von dem, was fehlt.

Eine Diskussion mit Jürgen Habermas, 2008, 26-36; ders./Joseph Ratzinger: Dialektik der Säkularisierung. Über Vernunft und Religion, Freiburg 2005.

14 Wohlgemerkt: Nicht problematisch, vielmehr gewünscht ist eine lebensweltlich vielfältige Gestaltgebung des Propriums der Kirche. Aber dieses Proprium als solches muss neu klar werden.

15 Außer denen natürlich, die man ausschließen muss, worüber eine mit mentaler Gewalt durchgesetzte *political correctness* entscheidet.

16 Diese Rückfrage bedeutet keine fundamentalistische Beanspruchung der allein richtigen Perspektive oder der These, es sei möglich, eine Position zu beziehen, die nicht selber Deutung und insofern spezifische, bedingte Vorstellung sei. Im Gegenteil ist ja gerade von der hebräisch-biblisch gegebenen Semantik von „Erkennen" her die Standortbezogenheit und Perspektivität jeder Gotteserfahrung konstitutiv. Glaube ist immer „Deutung", freilich von etwas. Fundamentalistisch erscheint eine methodische Voraussetzung, die dieses „Etwas", das für Theologie, Kirche und Glaube fundamental ist, als nicht diskursfähig und diskurswürdig ausschließen will (Gotteserfahrung und akademische Theologie schließen sich für Propagandisten beider Seiten zum Schaden beider Seiten meist aus). Die methodologische Perspektive, die ihr begrenztes Recht hat, darf nicht ontologisiert werden. Die methodisch notwendige Restriktion (die Betrachtung *als* etwas) darf nicht zu einer Verkürzung des Gegenstandes führen. Konkret: Der akademisch-wissenschaftliche Habitus darf die praxis pietatis nicht als unseriös und irrational verdrängen. Exegetisch und biblisch-theologisch muss deutlich werden, dass hinter den verschiedenen „Theologien" (ein modernes Konstrukt!) und „Gottesvorstellungen" im biblischen Kanon die zentrale theologische These ein-und-derselben Wirklichkeit steht, die diesen überhaupt hat werden lassen. Alternativ fällt biblische Theologie in ein Ensemble polytheistischer, schwer miteinander zu vereinender Gottesvorstellungen auseinander – was nun

wieder historisch angesichts der über Jahrtausende währenden Traditionsweitergabe des Korpus nicht plausibel wäre. Es gehört zur wissenschaftlichen Redlichkeit zu betonen, dass die sich disziplinär vollziehende Gegenstandskonstitution jeweils nur ein Bild, ein Modell, eine Perspektive bedeutet, die die dem Erkenntnisakt *vor*gegebene Wirklichkeit nicht als solche zu erfassen vermag. (Wo) wagen wir als Theologen noch, unverblümt von der Wirklichkeit Gottes zu reden?

17 Es lassen sich für alle theologischen Fächer auch Ausnahmen benennen. Für den Bereich der Praktischen Theologie seien hier ausdrücklich genannt: Michael Herbst in Greifswald, Peter Zimmerling in Leipzig, Ralph Kunz in Zürich.

18 Österr., süddt., umgangsspr.: umtriebige Aktivität, die zu nichts führt; Wichtigtuerei.

19 Karl Barth, Kirchliche Dogmatik I,1, 5ff.

20 Vgl. die bemerkenswerte, konstruktiv-kritische Analyse bei Evelyn Finger: Glaube ohne Worte. Noch nie haben so viele Menschen die Kirche verlassen wie heute. Daran ist sie selbst schuld, aber nicht sie allein, in: DIE ZEIT Nr. 28/2020, 2. Juli 2020.

21 Die Zeit, die bleibt. Ein Kommentar zum Römerbrief, Frankfurt 2006, 81 (es; 2453).

22 Ebd.

23 Warum die Kirche keine Zukunft hat. 11 Provokationen, in: thbeitr 51. Jg (2020), 440-456. Vgl. zum Folgenden H. Hempelmann: Sieben Gründe, warum diese Kirche keine Zukunft hat. Acht Perspektiven, wie diese Kirche Zukunft gewinnen kann, in: Emilia Handke/Kristin Jahn (Hrsg.): Risse und Glanz. Röntgenbilder einer Kirche, hg. von, Altenburg 2022, (9-28) 17-28.

24 Im Oktober 2021 hat es einen Modellwechsel gegeben. Zu dem neuen Modell gibt es freilich noch keine oder kaum Hintergrundinformationen. Das Milieumodell von 2010 ist aber noch weiterhin brauchbar und annäherungsweise gültig. Auch die Milieustudie der Badischen

und Württembergischen Landeskirche bezog sich auf das 2010er-Modell, das deswegen in diesem Kapitel vorausgesetzt werden soll.

25 Michael Ebertz: Radio Interview im Bayerischen Rundfunk (BR 2, 20.02.2000).

26 Beispiele bei Hempelmann (u.a.): Handbuch. Impulse für eine milieusensible Taufpraxis, Neukirchen-Vluyn 2013; dies.: Handbuch Bestattung. Impulse für eine milieusensible kirchliche Praxis, Neukirchen 2015; dies.: Handbuch milieusensible Kommunikation des Evangeliums. Reflexionen, Dimensionen, praktische Umsetzungen, Göttingen 2020.

27 Dokumentiert bei Heinzpeter Hempelmann/Bodo Flaig: Aufbruch in die Lebenswelten, Heidelberg 2019, jeweils für die einzelnen Milieus.

28 Ebd., ebenfalls für jede Lebenswelt angegeben.

29 Vgl. etwa Catull: Carmen 51: Ille mi paresse deo videtur. (Diesen Hinweis verdanke ich Klaus Haacker.)

30 Gemeint ist hier mit „Identität" die kulturelle, geschichtlich erworbene und gewordene Identität, nicht das „Wesen" der Kirche, das ja gerade darin besteht, diesem mobilen Gott zu folgen.

31 Friedrich Nietzsche: Werke in drei Bänden, hg. von Karl Schlechta, München 1954, Nachlaß III, 484.

32 Nietzsche: Werke, ed. schlechta, Bd.II, 890f.

33 H. Hempelmann: Wir haben den Horizont weggewischt, Witten 2008, 252f.

34 Nietzsche: Kritische Studienausgabe. hg. von G. Colli und M. Montinari, München 1980. (KSA) Bd. 3, 589f.

Heinzpeter Hempelmann

Gott im Milieu

Wie Sinusstudien der Kirche helfen können ...

256 Seiten zzgl. 16 Seiten farbiger Bildteil
Paperback
ISBN Buch 978-3-7655-2017-4

Wer Menschen in der heutigen pluralistischen Gesellschaft erreichen will, muss deren Lebenswelt kennen und das soziale Umfeld, in dem sie sich bewegen, sprich: ihr Milieu. Aktuelle Sinus-Studien zeigen: Die Kirchen erreichen mit ihren Angeboten allenfalls 2-3 von 10 Milieus. Heinzpeter Hempelmann stellt die Sinus-Milieumodelle als eine Sehhilfe vor – als Werkzeug, um die verschiedenen Lebenswelten der Menschen wahrzunehmen. Wo liegen die Chancen der Milieumodelle, wo Grenzen oder sogar Gefahren? Wie lassen sie sich für den Bereich der evangelischen Kirchen anwenden? Wie lassen sich auch kirchenfremde Milieus erreichen?

Ein Buch für alle, die gemerkt haben, dass ein traditionelles, kirchliches Einheitsprogramm heute nicht mehr reicht.

2. erweiterte Auflage mit den eingearbeiteten Ergebnissen der Sinus-Kirchenstudie für Baden und Württemberg.

BRUNNEN VERLAG GIESSEN
www.brunnen-verlag.de

Heinzpeter Hempelmann

Kennt Gott mein Leid?

Fragen an den Gott, der Liebe genannt wird

64 Seiten, Taschenbuch
ISBN Buch 978-3-7655-4359-3
ISBN E-Book 978-3-7655-7584-6

Kennt Gott unser Leid? Die einen halten schon die Frage für müßig. Nein, Gott kennt unser Leid nicht. Weil es ihn gar nicht gibt. Andere wollen es gerne glauben, aber können es kaum noch glauben. Wie kann Gott ein Gott der Liebe sein, wenn unsere Welt so ist, wie sie ist? Heinzpeter Hempelmann weiß, was es heißt, wenn das Leid plötzlich im Leben zuschlägt. Er musste auch feststellen: Die Antworten, die er selber gegeben hatte – und die ihm nun gut meinende Mitchristen gaben – bewährten sich nicht.

Theologisch und philosophisch in die Tiefe gehend, aus eigenem Leben heraus und trotzdem kompakt auf die wesentlichen Gedanken konzentriert, nimmt Heinzpeter Hempelmann in diesem Buch den Leser mit hinein in seinen Weg, dem Gott, der sich Liebe nennt, zu begegnen.

Heinzpeter Hempelmann stellt Gott ehrliche Fragen. Und er sucht und findet den Gott, der sich zu recht Liebe nennt.

Heinzpeter Hempelmann

Philosophie – eine Einführung für Theologen

Antike: Vorsokratiker – Platon – Aristoteles

176 Seiten, Paperback
ISBN Buch 978-3-7655-9115-0
ISBN E-Book 978-3-7655-7722-2

Von Platons Ideenlehre über Kants Kritik der reinen Vernunft bis hin zur postmodernen Dekonstruktion aller Wahrheitsansprüche: Wer Theologie treibt, muss dies immer im Rahmen der Weltsicht seiner Zeit tun. Die Philosophie hat daher immer wieder wesentliche Weichen für die Theologie gestellt – sie hat die Fragen gestellt, die zu beantworten waren, und sie hat die Denkmöglichkeiten vorgegeben, in denen sich theologische Argumentationen bewegten.

Heinzpeter Hempelmann spürt in dieser Einführung in die Philosophie für Theologen diesen Weichenstellungen nach. Dabei geht es nicht um ein umfassendes Lehrbuch der Philosophiegeschichte, von denen es schon ausreichend und ausgezeichnete gibt. Es geht darum, was die wesentlichen Weichenstellungen der Philosophie für die christliche Kirche und Theologie bedeuten – und dies nicht nur in der Geschichte, sondern auch für unseren Glauben und unsere denkende Welterschließung heute.

Weitere Bände in Planung:
Bd. 2: Mittelalter, Scholastik und Neuzeit
Bd. 3: Aufklärung und Deutscher Idealismus
Bd. 4: Moderne und Postmoderne Teil I
Bd. 5: Moderne und Postmoderne Teil II

www.brunnen-verlag.de